Vivre avec les autres

Du même auteur
aux Éditions J'ai lu

Vivre avec soi , *J'ai lu* 8752

JACQUES SALOMÉ

Vivre avec les autres

Chaque jour... la vie

J'AI LU

Bienêtre

« Aucun homme de génie, aucun saint, aucun Dieu ne peut enseigner à un homme comment il doit vivre. Chacun doit découvrir en lui-même sa propre sagesse, la science secrète de l'âme. »

Maurice MAGRE

Je crois avoir passé l'essentiel de ma vie à tenter de mettre des mots sur ce qui me paraissait être de l'ordre de l'indicible et, depuis quelques années seulement, commencer à nommer l'insupportable de la souffrance, apprivoiser l'infinie subtilité des sentiments, entendre l'intensité des émotions et reconnaître la dimension sacrée de l'amour.

Les mots de ce livre furent longtemps cachés, enfermés par le secret qu'impose la pudeur, confinés dans des carnets que je gardais sous clef dans mon bureau. Et puis un jour, les feuillets de ces carnets furent trop étroits, le tiroir aussi, l'ensemble déborda et… se répandit dans un livre, puis un second…

Je crois profondément, comme Christian Bobin, que « *Très peu de paroles s'échangent chaque jour, vraiment très peu. Peut-être ne tombe-t-on amoureux que pour commencer à parler ? Peut-être n'ouvre-t-on un livre que pour commencer à entendre ?* ».

Mais peut-être ne commence-t-on à voir que pour mieux s'égarer dans la réalité ?

Chaque jour… la vie

Notre vie est sans cesse traversée d'interrogations et de questionnements divers, parsemée de découvertes et de doutes. Tour à tour vouée à l'émerveillement et au découragement suscités par des rencontres, blessée ou stimulée de nouveau par des séparations ou des pertes, nourrie enfin par tout l'humus de l'existence grâce auquel nous pouvons faire face, nous tenir debout et ainsi construire notre quotidien.

Je crois qu'il nous appartient, ce faisant, d'accueillir, de protéger et d'agrandir la parcelle de vie que nous avons reçue. Parcelle de vie unique, qui fut déposée au moment de notre conception, puis bercée et nourrie durant le temps de la gestation, enfin proposée au monde et à l'ensemble de l'univers au moment de la naissance. Puis développée, enrichie tout au long de l'existence, pour être restituée plus pleinement au moment du passage dans l'au-delà.

Voilà ce que je considère comme le sens de ma vie : donner plus de vie à la vie.

Les situations proposées dans ce livre, le premier d'une trilogie (les deux autres porteront sur les relations de couple et familiales, et sur le rapport à soi), sont des invitations au dépassement de soi pour devenir enfin ce que nous sommes : des femmes et des hommes responsables, conscients, ouverts à la plus difficile des libertés, la liberté d'être. J'espère que ces textes permettront à ces femmes et à ces hommes d'en trouver les chemins, différents et uniques pour chacun.

Civisme et plaisir de vivre ensemble

Rappelons la sagesse des Peuls :

de 0 à 21 ans il faut se former en apprenant avec les autres,
de 21 à 42 ans il faut se former en travaillant,
de 42 à 63 ans il faut se former en formant les autres,
de 63 à 84 ans il faut se former en racontant l'histoire de la tribu ou du clan aux autres,
au-delà de 84 ans, quand on y arrive, tout est possible !

Dire bonjour, une coutume qui se perd

Encore aujourd'hui à la campagne, il nous arrive de saluer, de dire bonjour, non seulement lorsque nous rencontrons quelqu'un de connu, mais aussi quand nous croisons un inconnu. Nous avons parfois le goût de nous arrêter pour bavarder, partager l'instant d'une rencontre, voire lier connaissance. En ville, cela ne se fait plus. Un tel comportement semble inutile ou impossible : il y a tellement de monde, tant d'inconnus – et nous n'avons pas le temps, nous sommes si pressés ! Si bien que depuis quelques décennies la coutume qui consistait à souhaiter le bonjour s'altère. Nous oublions de saluer, de faire ce cadeau simple, reconnaître l'autre, lui donner une existence. Le mot ne vient plus à nos lèvres. L'anonymat, l'indifférence s'installent, parfois même une agressivité méfiante voit le jour. Nous omettons d'adresser un geste, une parole, un petit signe de tête montrant que nous prenons en compte la présence de l'autre. Nous avons pris l'habitude de nous côtoyer avec prudence, avec méfiance, parfois même avec un peu de peur au ventre.

Dire bonjour, c'est un début d'apprivoisement, c'est l'amorce d'un échange, d'un lien. La meilleure façon de le faire consiste à prendre le temps de le dire en regardant celui ou celle à qui ce vœu de « bon jour » s'adresse. Si vous ajoutez un sourire avec l'ouverture du cœur, vous semez un peu plus d'amour et de paix dans le monde. Vous changez parfois ainsi la qualité de la journée de l'interlocuteur – et de la vôtre !

Dire bonjour, c'est originellement souhaiter (et non prédire) une journée belle et bonne. C'est offrir un clin d'œil bienveillant à un inconnu, comme un viatique pour supporter la journée qui s'annonce.

Le bonjour automatique, en conserve, n'a ni goût ni effet. Il s'accompagne souvent d'une phrase stéréotypée, dévitalisée telle que « Comment allez-vous ? », censée s'enquérir de l'état de bien-être (et non de la santé) de l'autre. Si bien que lorsque ce dernier nous répond avec sincérité « Je ne vais pas bien » ou « Ça ne va pas du tout », il nous surprend, nous déstabilise, voire nous plonge dans la confusion. Le pire bonjour me semble être celui que l'autre nous adresse (et qu'il nous arrive aussi d'adresser !), tête baissée ou en regardant ailleurs. S'il s'accompagne d'une main molle et sans âme, alors notre journée risque d'être altérée et polluée pour plusieurs heures !

Oser dire bonjour, c'est saluer l'imprévisible de la vie.

« C'est l'attention à l'autre qui fait circuler plus vite l'énergie de la vie. »

Christiane Singer

Politesse et courtoisie

La politesse et la courtoisie, ou l'art des bonnes manières, ont pour fonction essentielle de veiller à ne pas provoquer la gêne d'autrui, ou à ne pas porter préjudice à autrui, et pour finalité de mettre de l'huile dans les relations interpersonnelles et les rouages sociaux. Il s'agit le plus souvent d'un ensemble d'attitudes et de comportements, codifiés au sein d'une culture donnée : leur respect permet à chacun de se sentir mieux, ou tout au moins d'être à l'aise en présence d'autrui. En étant poli ou courtois, nous sommes dans l'ordre de la proposition, de l'invitation, de l'offrande gratuite d'un côté, et de la discrétion, de l'ouverture ou de la disponibilité, de l'autre.

Dire bonjour, au revoir, tenir la porte, enlever son chapeau ou sa casquette en présence d'une femme représentent un minimum bien que ces manières soient aujourd'hui de moins en moins respectées. La politesse est pourtant l'une des réponses élémentaires apportées au besoin de reconnaissance, de confirmation et d'estime de soi qui habite chacun d'entre nous. En témoignent nos réactions, par lesquelles nous confirmons que nous avons reçu le cadeau de cette attention : « Quand je suis l'objet d'une attention particulière, je me sens meilleur », « Chaque fois que quelqu'un me témoigne une marque de politesse, j'ai envie d'être plus gentille », « Quand on me salue, c'est une vague de chaleur bienveillante qui me parcourt ».

Une marque de politesse venant d'autrui est l'indice que quelqu'un non seulement tient compte de notre existence, mais nous reconnaît une valeur. De notre part, elle est un mouvement vers l'autre indiquant que nous ne sommes pas porteur d'intentions négatives ou malveillantes. Le respect n'est pas un dû, mais une offrande qui peut confirmer l'estime de soi, donner le sentiment d'un épanouissement et procurer un bien-être intérieur.

Dans les pays d'Afrique, la vieillesse étant associée à la sagesse, les personnes âgées sont l'objet de marques de respect... très respectées. Chez nous, la vieillesse n'est plus honorée, car elle est le plus souvent associée à de la faiblesse, voire à l'inutilité. Ce qui confirmera le sentiment douloureux éprouvé par beaucoup de personnes âgées, de se sentir inutiles : « On n'a plus besoin de nous, je ne sers plus à rien... »

L'impolitesse, avec la disparition des gestes et attitudes élémentaires de courtoisie qui adoucissent et lubrifient même les rapports humains, est le début de l'incivilité. Et l'incivilité, le non-respect des personnes et des biens communs, est le terreau de la violence. Beaucoup d'actes de violence sont liés à des blessures d'amour-propre. Interpeller un jeune en lui disant : « Tu pourrais être poli, espèce de petit con ! » n'est pas la meilleure façon de l'inciter à l'être.

Dans le maquis des bonnes manières, il peut nous arriver de nous égarer, mais nous perdre sans arrêt suppose beaucoup de compétences.

De petits gestes, de minuscules attentions...

J'ai fait dans ma vie beaucoup de choses pour les autres, du moins je m'étais donné cet alibi propre à renforcer une image positive de moi. En y regardant d'un peu plus près, je découvre qu'en réalité j'ai fait beaucoup pour moi, pour nourrir une sorte de bien-être intime.

Ainsi, quand je dis « Bonjour », « Merci » « Je vous en prie » « Après vous », « S'il vous plaît », « Serait-il possible de... », je le fais pour l'autre mais aussi à mon intention. Ce faisant, j'ai le sentiment de me respecter, de maintenir et de garder vivant mon goût de la vie : minuscules attentions, clins d'œil de reconnaissance, c'est tout petit, tout petit, parfois imperceptible, mais cela laisse une trace, nourrit un échange, embellit une journée. Cela ne vise pas à changer le monde, cela ne diminue pas la misère ou l'injustice, mais permet simplement de mieux faire circuler un peu de bon, davantage d'humanitude. Un sourire esquissé à l'intention d'une passante que je ne connais pas, une caresse légère sur la tête d'un enfant qui freine mon avancée dans un magasin, un temps d'arrêt pour inviter un plus pressé que moi à passer, une invitation de la main pour permettre à un autre de me dépasser...

Il m'arrive parfois d'oser plus, d'adresser la parole à un inconnu dans le train, d'offrir un marque-page à une femme qui lit un livre que j'ai aimé, de proposer mon aide pour porter un sac... Je trouve d'ailleurs que je n'ose pas assez, que je devrais offrir plus, que je devrais m'interdire moins. Mais je subis encore l'effet de séquelles de la répression imaginaire qui m'a longtemps habité. Surtout vis-à-vis des femmes. J'ai peur qu'elles imaginent que je leur fais la cour ou même que je les drague, que je cherche autre chose ou voudrais aller plus loin, qu'elles puissent croire que je souhaite une aventure, comme on disait autrefois.

Avec l'âge, je trouve cependant que je me censure moins, que j'ose plus, que je m'autorise davantage. M'autoriser dans le sens de devenir auteur de ma vie. Et je suis toujours émerveillé, ébloui, plein de gratitude joyeuse, ému quand quelqu'un me parle spontanément, m'interpelle, fait un commentaire à mon intention et le partage. Une bouffée de chaleur, de bien-être, m'envahit, un sentiment de confirmation et de reconnaissance de mon existence.

Quand je vais au Québec, je suis chaque fois touché par la spontanéité, par la liberté avec laquelle les femmes, par exemple, abordent les hommes, sans afféterie, sans arrière-pensée, ni fausse coquetterie. Avec une liberté de ton, une ouverture d'esprit leur permettant d'entamer immédiatement un dialogue intime et concret où souvent le plus intime de leurs ressentis, de leurs sentiments, de leurs émotions mousse, déborde et entraîne des échanges ouverts, percutants.

Lorsque j'étais enfant, j'admirais les garçons de mon âge qui entraient facilement en relation avec les filles. Je tentais de voir et de retenir comment ils s'y prenaient, quelle phrase, quel mot, quelle plaisanterie ils utilisaient pour capter l'attention, l'intérêt des autres. En vain. Aujourd'hui encore, j'ai tout à apprendre pour oser... Oser encore et encore le plaisir d'ouvrir une relation avec un inconnu !

Je ne savais pas que j'avais déposé
en ta paume le soupir du soleil,
un sourire de pluie, la rosée d'une attente,
mais toi tu avais su les recevoir.

La beauté de l'instant

Je trouve que la beauté a de nos jours de plus en plus de mal à trouver sa place et à être reconnue et valorisée. Elle me semble absente de nombreux lieux et espaces, ou fugace et fragile lors de manifestations plus éphémères. Et je regrette qu'elle soit « mise en conserve » dans des expositions et enfermée dans des musées.

De quelle beauté est-ce que je parle ? me demandera-t-on. De celle qui s'offre aux yeux, qui nous ravit et nous comble quand elle saisit notre âme ? De celle qui suscite l'accord de ma bien-aimée et de moi-même et nous rapproche ainsi davantage ? De celle, plus officielle, que la ville d'Avignon a tenté de glorifier en ses murs, l'été de l'an 2000, sous le simple nom de : La Beauté ? Ou de la beauté un peu lasse de s'exhiber dans des galeries dites d'art où elle est mise en vente ?

Je souhaite parler de la beauté de l'instant. Beauté fragile d'un clair de lune qui se dessine dans le cadre de ma fenêtre. Beauté ciselée par la lumière du soir, auréolée par l'étonnement des bourgeons de l'amandier que j'ai planté, il y a trois ans, non loin d'un érable du Japon. Beauté d'une tête de Bouddha taillée dans une pierre du bout du monde...

La beauté est faite d'un ensemble de petits clins d'œil à la vie qui, soudain rassemblés, illuminent l'instant.

Dans les écoles, une éducation à la beauté pourrait être une matière à part entière. Elle consisterait à apprendre aux enfants à ralentir le cours des heures, à s'arrêter au présent, juste un instant, pour prendre le temps de poser un regard sur le monde, d'effeuiller une odeur, de laisser scintiller et s'accorder deux couleurs, ou simplement d'écouter la résonance de deux notes.

Je viens d'un milieu où l'urgence de gagner sa vie pour survivre passait au premier plan. La beauté trouvait pourtant le moyen de se dire dans le beau geste qu'avait ma mère pour essuyer le bec et le ventre d'une cruche de terre cuite avant de la poser sur la table. Dans la façon dont mon père prenait l'immense miche de pain contre sa poitrine et, avec son opinel, faisait un large signe de croix sur le plat du pain (lui qui votait communiste !), à l'envers du dessus décoré et croustillant. Et quand il déposait délicatement la large tranche de pain au bord de nos assiettes, son geste donnait à celle-ci une ampleur magnifique.

La beauté s'accompagne parfois de la conscience du sacré qui anime les actes et les accords du quotidien. Ce mouvement rapide de la main droite de ma mère pour relever une mèche de cheveux indociles sur nos fronts d'enfants, ou le glissement très doux de son index près de l'œil pour lisser une ride fatiguée quand elle se préparait à sortir. « Au-dehors il faut savoir se tenir. Se faire beau ne coûte rien, c'est juste une attention envers autrui et du respect envers soi », aimait-elle à dire.

J'aimerais que ces attentions, ce respect puissent se transmettre et continuer d'embellir ainsi chaque instant de l'existence.

Une forme de générosité consisterait à s'émerveiller du cadeau que représente le seul fait d'exister à chaque instant de la vie.

Accorder à un proche la liberté de mourir

Il peut sembler scandaleux d'entendre dire, comme je l'ai entendu chez une connaissance proche : « Quelques jours avant sa mort, j'ai donné à mon père la permission de mourir. Je crois qu'il m'a entendue. Il souffrait terriblement, précisa cette femme (sa fille préférée), je voyais bien qu'il s'interdisait de mourir, comme s'il avait peur de nous faire de la peine en disparaissant... Il nous disait souvent à mon frère et à moi : "Que va devenir votre mère si je meurs ?" Il se sentait responsable d'elle et s'interdisait de disparaître avant elle. »

Je crois, comme cette femme, que nous pouvons donner à quelqu'un qui touche à la fin de son cycle de vie la permission de lâcher prise sur l'existence, d'oser passer de l'autre côté. Beaucoup de personnes âgées, malades ou en souffrance de vie, s'interdisent en quelque sorte de lâcher prise parce qu'elles ont le sentiment très fort que leur mission n'est pas achevée, que l'on a encore besoin d'elles, que leurs proches ne s'en sortiront pas si elles viennent à disparaître...

Je crois qu'oser témoigner de la liberté de mourir est un acte d'amour de notre part, les enfants, quand il s'agit de nos parents, et de la part des proches et des amis. « Mais oui, tu as le droit de mourir. Tu as le droit de terminer ta vie dans la dignité, dans la plénitude avec toi-même. C'est à toi de le décider pour toi », pourrions-nous dire.

Le plus souvent, par pseudo-respect, nous faisons l'inverse. Nous forçons en quelque sorte la personne à continuer à vivre. Nous la bousculons, croyant l'invigorer nous nions sa réalité intime. Pensant l'aider ou la rassurer, nous l'incitons à lutter et à se battre contre la mort, mais ce faisant nous combattons surtout nos peurs, nous voulons atténuer notre désarroi, justifier notre rôle d'aidant : « Mais non, il ne t'arrivera rien de grave, le docteur a dit que tu étais solide comme un roc, que tu pouvais encore vivre des années... », « Allez, arrête d'avoir des idées noires, tu sais que nous ne voulons pas que tu meures, nous sommes là pour t'aider. » Nous cherchons ainsi à prolonger la vie de celui ou celle qui voudrait peut-être passer de l'autre côté et se reposer, arrêter de lutter ou de souffrir, se dissoudre dans les limbes de l'infini.

Il n'existe pas de recettes ou de formules toutes faites en la matière.

Il appartient à chacun, dans sa liberté intérieure et en accord avec lui-même, de trouver les mots et le courage d'oser dire : « Si tu sens que ton temps de vie est arrivé à son terme, tu as le droit de lâcher prise et de passer de l'autre côté. » Une telle autorisation, entendue dans le sens de rendre l'autre auteur, c'est-à-dire créateur, est un cadeau précieux que nous devrions oser offrir.

« Mon père est entré vivant dans la mort avec une grâce enfantine qui m'a bouleversée, lui que j'avais toujours connu grave, pondéré et plutôt en retrait de la vie », me disait aussi cette femme.

Une conscience citoyenne

En regardant vivre mes enfants, aujourd'hui devenus des adultes, j'ai été amené à m'interroger sur la façon dont se construit une conscience citoyenne. Comment se développe une conscience alliée à de la lucidité, à un sens critique, à une capacité d'engagement, et, pourquoi pas, à des combats pour un monde meilleur ?

J'ai peu de doutes sur l'éthique de vie et sur les valeurs de respect de soi et des autres que j'ai tenté d'inculquer à mes enfants. Mais j'ai quand même l'impression diffuse que je n'ai pas assez témoigné, dans ma propre vie et devant eux, des valeurs qui m'ont accompagné, construit et soutenu.

Bien sûr, nous avons eu d'innombrables discussions sur des sujets « chauds », révélateurs du dysfonctionnement de notre société : les scandales concernant l'argent facile et l'argent sale, la non-fiabilité des hommes politiques, les disparités sociales, le sida, la drogue, le chômage, les immigrés, la manipulation des guerres, le racisme, la torture, la violence...

Lorsqu'il m'arrive d'y penser, il me semble pourtant que nous nous échauffions davantage quand il s'agissait d'événements et de situations qui se situaient à des milliers de kilomètres que lorsque ces événements concernaient notre pays, notre région. Dans ce dernier cas nous avions des réactions plus feutrées, moins passionnées. Durant un temps, nous avons même confondu les premiers et les seconds, les prises de position et la conscience citoyenne, limitant nos engagements à de grandes analyses sociopolitiques, à des dénonciations critiques, à des accusations généralisantes et à des mises en cause outrancières... Et l'émotion, l'indignation, la surprise passées, nous retombions dans notre train-train, chacun étant confronté à une foultitude de petits problèmes suffisant à remplir sa vie. Nous entretenions mutuellement l'idée que nous étions des citoyens actifs et engagés en cotisant à Amnesty International, en versant notre obole aux Restos du cœur ou en défilant pour soutenir les actions spectaculaires de Greenpeace... Cela nous servait de caution.

Une conscience citoyenne en action est pourtant autre chose : s'engager, agir personnellement, que ce soit sur le plan de son quartier, de son village, de sa région, de son pays, ou sur le plan planétaire grâce aux relais qu'offrent les ONG, les associations humanitaires.

Il n'est pas facile de lutter contre sa propre inertie et son autosatisfaction, de se dégager de ses soucis et tracas personnels pour s'ouvrir à davantage de conscience sociale, et se dynamiser. Même si ce n'est pas facile, c'est d'autant plus nécessaire, aujourd'hui, chaque jour.

Nos choix et nos engagements politiques, socio-économiques ou culturels, même s'ils se veulent rationnels, obéissent à notre part d'affectivité, de spontanéisme et d'irrationnel qui les colore à la fois de nos enthousiasmes, de nos utopies et de beaucoup de nos contradictions.

Une réaction « anormale » ?

Une amie me raconte que récemment elle a trouvé une carte de crédit dans l'immense hall d'entrée de l'hypermarché de son quartier. « Je suis allée la rapporter à l'accueil. L'hôtesse m'a semblé abasourdie. Elle me regardait, jetait un regard sur la carte et s'écriait : "Oh là là ! Oh là là ! Il faut aller au poste de sécurité, madame !" Là, poursuit l'amie, même regard stupéfait du préposé à la sécurité, un homme robuste à l'air pas commode. Il n'en croyaït pas ses yeux. Pas que j'aie trouvé une carte de crédit, une carte internationale, Gold, quelque chose comme ça, en plus !, mais que je l'aie rapportée... "Oh là là !" a-t-il dit, lui aussi. Les deux personnes qui travaillaient avec lui me dévisageaient curieusement. J'ai même eu une pensée malsaine : "Ils vont la garder pour eux !" Je leur ai alors demandé s'ils allaient l'enregistrer sur un cahier.

"Bien sûr, madame. Décidément, c'est le jour ! ont-ils répondu. Regardez, on nous a ramené ça aujourd'hui." Et ils me montrent un portefeuille noir, trouvé et rapporté avec de l'argent dedans, cent quatre-vingts francs et quarante centimes ! "Vous savez, ajouta l'un, vous n'avez pas eu une réaction normale ! La plupart des gens préfèrent garder ce qu'ils trouvent. C'est bien, il en faudrait beaucoup comme vous !"

"Des anormaux ! ?"

"Je veux dire des personnes qui ne font pas comme tout le monde, qui ne s'en foutent pas, qui pensent un peu aux autres." »

Je découvre ainsi qu'une des anomalies de notre époque, comme me disait cette amie en riant, est de penser aux autres ! En l'écoutant, je me suis souvenu d'un reportage que j'avais vu sur le Bureau des objets trouvés d'une ville moyenne, dont les services devaient se débarrasser, en un temps assez bref, de tous les objets non récupérés qui encombraient leurs locaux. En fait, la plupart des gens qui ont perdu ces objets ne vont pas les réclamer, certainement parce qu'ils imaginent que les gens normaux estiment légitime de garder ce qu'ils trouvent et ne vont pas les déposer !

Curieuse époque où il paraît normal de ne penser qu'à soi, de profiter de toutes les occasions offertes par le hasard pour oublier qu'une société en paix avec elle-même est aussi fondée sur l'entraide et le service.

Parmi les quelques valeurs pour rester en accord avec soi-même, qui me furent surtout transmises par ma mère, il y a celle-ci, qui a dominé toute sa vie : « Ne jamais s'approprier le bien d'autrui », et elle ajoutait toujours : « Ça pourrait lui manquer ! »

Une taxe à la solidarité

De plus en plus souvent au cours de ces dernières années, au feu rouge, hommes ou femmes se sont avancés vers ma voiture avec un carton sur lequel il était écrit : « J'ai faim, une petite pièce m'aiderait » ou : « Je n'ai pas de travail, j'accepterais tout boulot ou une pièce, pour manger aujourd'hui ! » J'avoue être perturbé chaque fois, me sentant à la fois sensible et ouvert, mais aussi irrité. Je suis partagé. J'ai envie de donner, j'en ai encore les moyens. En même temps, j'hésite, éprouvant un mélange de sentiments contradictoires que je vais décrire dans le désordre :

Je ne veux pas me faire avoir par n'importe qui...

Je veux bien donner pour de la nourriture, pas pour du vin, des cigarettes ou de la drogue, même douce...

Je ne veux pas encourager une forme d'assistanat, de mendicité qui se développe de plus en plus...

Je pense enfin qu'il existe des aides sociales, et que ce n'est donc pas à moi d'intervenir.

Des pensées contraires circulent aussi dans ma tête et alimentent ma mauvaise conscience :

Tu peux quand même donner une pièce, tu achètes souvent des choses inutiles dont l'argent serait plus utile ou nécessaire à cet homme ou à cette femme...

Ça ne va pas te ruiner !

Tu n'es pas responsable, chargé des choix de vie de cet homme...

Chaque fois se répète cette succession de monologues tumultueux et incertains, alors qu'il serait si simple de donner spontanément, gratuitement !

De plus, je ne veux pas, comme certains, détourner le regard, faire semblant de ne pas voir. Dans la rue, je vois bien cet homme et son chien recroquevillés près du guichet bancaire. Je suis même ému quand je lis, comme l'autre jour, sur sa pancarte : « Quand j'ai trop faim, mon chien me laisse sa part ! » ou « Si vous ne voulez pas pour moi, pensez à lui ! ». Alors je donne, mais pour qui ? pour l'homme ? pour que le chien ait sa part ? pour apaiser ma conscience ? J'ai longtemps biaisé, j'avais décidé de ne donner qu'à ceux qui produisent quelque chose, de la musique, un chant, un dessin sur le trottoir... ceux qui apportent un peu de soleil à la grisaille du jour. Ainsi je me rassurais, je donnais de façon *utile,* en échange de musique, pour les couleurs du temps.

Aujourd'hui je découvre que beaucoup sont si démunis qu'ils ne peuvent rien donner... seulement survivre. Je découvre de plus en plus de gens qui vivent dans l'insécurité, qui ont vraiment faim et qui tentent simplement de ne pas mourir, de survivre dans un quotidien sans avenir. Alors je donne. Je me fixe chaque jour une somme que je distribue en trois ou quatre fois suivant les circonstances – au fond, une sorte de taxe à la solidarité, que je m'impose !

Je ne suis pas soulagé pour autant. L'injustice règne toujours. Mais je n'hésite plus... je donne.

C'est celui qui reçoit avec générosité qui vivifie... celui qui donne.

Prime à la réussite

Nous vivons, en France, dans un pays qui semble avoir du mal à supporter la réussite et le succès. Il peut sembler paradoxal et même injuste de l'énoncer ainsi, mais il suffit de constater et de relier quelques faits entre eux, pour être convaincu des dérives et des nuisances allant dans ce sens.

Quand la reprise économique se confirme, une succession de grèves, d'incidents dans les transports en commun ou dans certaines professions essentielles ralentissent, bloquent et paralysent la marche du pays, provoquant chez les usagers quotidiens des transports, les utilisateurs de certains appareils et, d'une façon générale, les consommateurs, d'innombrables pertes de temps, d'énergie et surtout de créativité. Nous sommes devenus tellement dépendants de la technologie que le moindre grippage ou dysfonctionnement d'une partie du système nous place aussitôt en situation de survie.

De même, si vous avez créé une affaire, si vous avez du succès grâce à une invention ou à une création, votre taux d'imposition avoisine largement, tous impôts confondus, les trois quarts de votre revenu.

Plus votre réussite est élevée, éclatante, plus vous êtes sanctionné, pénalisé et donc, d'une certaine façon, découragé de produire, de vous investir, d'agrandir votre entreprise. Je lisais le témoignage de quelqu'un qui a réussi : « J'ai créé, il y a vingt ans, un cabinet de consultants, nous étions trois au départ, mon associé, une secrétaire et moi-même. Il y a cinq ans, j'aurais pu faire travailler dix personnes à temps plein pour répondre à la demande. Quand j'ai vu comment cela m'engageait, et d'une certaine façon m'aliénait, j'ai eu le tournis. Au stade où j'étais rendu, je devais déjà régler, chaque jour, quelque quatre mille francs d'impôts personnels. Je ne me voyais pas me réveillant tous les matins avec la contrainte de payer le double ou le triple... cela m'angoissait. Certains me disaient : "Si tu paies autant d'impôts, c'est que tu as gagné beaucoup d'argent, tout au moins l'argent qui correspond." C'est mal faire la différence entre les honoraires que je touche (un million deux cent mille francs par an), et ce que je gagne réellement, c'est-à-dire ce dont je peux disposer pour mes propres besoins après la déclaration de revenus faite, soit quelque trois cent soixante mille francs, ce qui représente trente mille francs par mois, en travaillant quatorze heures pleines par jour, onze mois et demi par an ! »

Ce point de vue, ainsi exprimé, peut paraître un peu simpliste, mais il indique bien le degré d'exaspération de jeunes entrepreneurs, des créateurs d'entreprises qui se sentent paralysés par les charges et les prélèvements, véritables ponctions dévitalisantes, qui sont opérés sur le résultat de leur réussite pour soutenir une politique économique, militaire ou culturelle qui leur paraît bien loin de leurs propres engagements de vie.

Il me semble que des primes à la réussite, des gratifications reconnues éviteraient l'hémorragie de compétences vers l'étranger, stimuleraient plus l'engagement social, et par là même le partage, diminueraient, je le crois, la fraude, et donneraient à chacun le sentiment d'une solidarité plus grande.

Si la réussite et le succès sont pénalisés, il ne faut pas s'étonner que l'assistanat soit autant recherché.

Quand je perds l'essentiel de mon existence à gagner de l'argent pour mieux vivre, je suis très loin de ma vie !

Il y a des paroles qui soignent...

Dans le monde où nous vivons, circulent beaucoup de paroles qui blessent, de mots qui violentent, de phrases qui visent à déstabiliser, voire à détruire.

Aux États-Unis, la grande mode est au *gossip,* l'équivalent du ragot. Sorte d'exercice de style, qui se veut brillant, sans limites quant à ce que l'on peut révéler ou dévoiler de la vie intime, des pensées, des pratiques, non seulement des personnalités du monde des arts, du spectacle ou de la politique, mais aussi du citoyen *lambda,* c'est-à-dire vous et moi, qui, par désir d'être enfin connu, se prête à ce jeu pernicieux... Certains chroniqueurs de la presse, de la radio, certains animateurs de télévision, excellent en petites phrases assassines, en questions intrusives ou violentes, en remarques acides à propos de la vie de ceux qui, non sans innocence mais avec un masochisme tout terrain, se prêtent à ces pratiques perverses.

Il arrive parfois que, simples auditeurs, spectateurs ou lecteurs, nous soyons choqués par l'odieux de telle question ou affirmation soi-disant empruntée ou reprise à une information qui circulerait, une confidence qui aurait été faite *ailleurs*... Nous savons aussi, les uns et les autres, combien une parole vraie, un mot juste, une phrase appropriée peut servir de passerelle, remplacer un chaînon manquant dans l'errance d'une recherche et permettre ainsi à celui ou celle qui le reçoit de se réconcilier avec son histoire, de mieux comprendre son passé ou son présent, de s'engager avec plus de confiance vers son avenir. Une simple parole déposée dans l'espace d'une écoute jusqu'alors blessée qui va permettre à celui qui la reçoit de relier les morceaux épars d'un puzzle et d'accéder à une meilleure compréhension de lui-même.

En ce sens, l'écoute de celui qui accompagne est susceptible de guérir ou de restaurer les blessures d'une vie, cela, même en dehors d'une démarche thérapeutique ou analytique. Chacun de nous peut en effet, au quotidien, être porteur de paroles à même de soigner, de réparer, d'apaiser celui qui les reçoit et qui, pour cette raison, les accueillera peut-être comme un cadeau.

Ne vous privez pas de ces paroles, car elles font autant de bien à celui qui les offre qu'à celui qui les reçoit.

S'il est des silences qui font le malheur des uns,
il est des partages qui agrandissent le meilleur
des autres, de ceux en particulier
qui acceptent de se dire et d'entendre.

Une taxe à la convivialité

Un ami vivant en ville me parlait récemment du plaisir qu'il avait à sortir de son immeuble, à descendre la rue pour aller s'approvisionner chez l'épicier arabe du coin :

« Je me rends compte, me disait-il, que je me suis attaché à cet homme. Sa gentillesse, sa disponibilité me touchent, son ouverture me rejoint toujours là où je suis, ses commentaires sur les petits événements de notre quartier sont d'une qualité rare, son humour tendre, dénué d'ironie, donne un goût de bon et de joyeuseté aux petits incidents de l'existence...

« Le bonjour ravi qu'il a, chaque fois que j'entre dans sa boutique, est comme une bouffée d'oxygène. Il m'appelle par mon nom, me demande des nouvelles de ma mère qu'il a entrevue il y a quelques années, connaît les résultats scolaires de ma fille et bien d'autres sujets. Il ne parle jamais de politique et ne se perd pas en généralités ou en lieux communs. Avec lui, c'est toujours concret, actuel, proche de la vie.

« Il ne se contente pas de me dépanner, il alimente une relation qui est bonne pour moi. Je me sens bien avec lui, confiant, disponible à ces moments d'échange et de partage.

« Bien sûr, je sais que ses prix sont supérieurs de quelque 10 à 15 % à ceux qui sont pratiqués par la plupart des supermarchés de la périphérie voisine, mais j'accepte de bon cœur de payer ce supplément. C'est, en quelque sorte, une taxe à la convivialité.

« Il connaît tout le monde, parle à chacun. Il est un régulateur d'émotions, de celles qui auraient tendance à s'enflammer dès qu'il y a un incident et à produire un germe de conflit, une possibilité de violence...

« Et le jour où cet épicier disparaîtra, c'est vraisemblablement un peu plus de violence qui se répandra dans mon quartier et un peu moins de vie dans ma rue, moins de confiance en moi dans l'autre. »

J'écoutais mon ami et je songeais combien il est important de pouvoir échanger, partager ou simplement parler avec des proches et des moins proches, avec le sentiment d'être reçu, entendu, de faire confiance à ce qui peut surgir d'une mise en commun, et de garder ainsi espoir en l'homme.

Toute personne qui communique avec le meilleur d'elle-même est à sa façon un agent de changement pour un monde plus libre.

Et si nous parlions de convivialité !

Si le mot convivial est ancien (il date, d'après le *Dictionnaire historique de la langue française*, de 1612), celui de convivialité est plus récent. Il est apparu en 1816 (dérivé de l'anglais *conviviality* : goût des réunions et des festins), il a été partiellement utilisé par Brillat-Savarin, fin gourmet de la deuxième moitié du XVIIIe siècle, mais il a été surtout repris en 1973 par Ivan Illitch au sens d'« ensemble des rapports entre personnes au sein de la société ou entre les personnes et leur environnement social, considérés comme autonomes et créateurs ».

Depuis, il est fréquemment utilisé dans le langage courant, surtout pour souligner un manque. Il est fréquent d'entendre dire qu'il y a une absence de convivialité dans les rapports humains de ceux qui vivent dans les grandes métropoles, une carence de chaleur humaine dans le peu d'attention accordé aux échanges entre personnes vivant dans un environnement proche.

Dans le mot convivialité sont implicitement contenus tous ces termes : simplicité, plaisir d'être ensemble, attention bienveillante, préoccupation envers l'autre. Autant de marques d'intérêt qui, aujourd'hui, sont absentes dans l'immense désertification des relations humaines.

Il y a convivialité quand il y a, dans un groupe humain, passage de la connaissance à la co-naissance, au fait de naître ensemble, de pouvoir se dévoiler dans sa vulnérabilité, d'apparaître tel qu'on se sent, sans souci de donner le change, d'être en représentation.

Pour ma part, cette notion reste attachée à l'image que j'ai de ma mère. Unanimement connue et appréciée dans son quartier, comme étant celle sur laquelle on pouvait compter, s'appuyer, avoir recours principalement en cas de difficultés ou de malheurs, mais aussi pour venir participer aux événements heureux de l'existence.

Sitôt qu'elle apprenait que l'une ou l'autre de ses voisines (ou voisins) était malade, ou éprouvait des difficultés à se déplacer, elle proposait spontanément ses services, son aide. Elle imaginait aussitôt préparer une soupe, dénicher un bon morceau dans le ragoût qui mijotait...

« Comme il est toujours difficile de donner ce que l'on n'a pas, disait-elle en conclusion de chacune de ses offrandes, on peut au moins donner ce que l'on a ! » Il y avait de l'âme dans les gestes qu'elle offrait à ceux qu'elle aidait, accueillait ou recevait.

Je suis un nostalgique impénitent de la convivialité, je la recherche, je ne sais pas toujours la proposer, car elle doit s'associer à une atmosphère particulière faite de légèreté, de spontanéité, d'abandon réciproque.

Le besoin d'appartenance, qui renforce le sentiment d'appartenir, de faire partie d'un groupe de semblables, nous fait passer de l'individu à la personne.

Promener un chien pour... engager la conversation ?

Celui ou celle qui promène son chien n'hésite jamais à engager la conversation avec un inconnu, un de ses semblables... pour peu que celui-ci ait aussi un chien !

Les promeneurs échangent alors des informations sur la race, l'origine, l'arrivée de ce compagnon dans leur vie, ses habitudes alimentaires et affectives. Bref, en peu de temps, ils se disent beaucoup de choses de leur vie, de leur intimité, de leur histoire personnelle, en termes de plaisirs, de projets ou de déceptions. Il est peu habituel de faire connaissance dans la rue, dans un parc, sans recourir à un prétexte : un livre, un détail vestimentaire peut faire l'affaire, mais le plus souvent la médiation d'un animal aide beaucoup pour oser entrer en relation.

Voilà quelques années, j'avais suggéré qu'on installe des *bancs de conversation* dans les lieux publics ; ils auraient été d'une certaine couleur et indiqués par un petit panneau sur lequel on aurait inscrit : « Ici, il est possible non seulement de se reposer, mais aussi de se parler, d'échanger, de converser. » On m'a signalé depuis qu'il existe de tels bancs à Bruxelles.

Il doit y avoir en France quelque sept à huit millions de personnes qui, dans leur solitude, ne parlent pratiquement qu'à leur canari, à leur chat ou à leur chien ! Pour s'adresser à quelqu'un, encore faut-il trouver une oreille disponible et susceptible d'écouter, et non pas un interlocuteur lui aussi soucieux de déposer ses propres besoins de parler, ses regrets, ses amertumes ou ses déceptions dans une oreille compatissante.

La communication intime, c'est-à-dire celle qui permet de parler de soi à quelqu'un qui nous écoute et nous reçoit tel que nous sommes, se raréfie. Elle devient si précieuse que beaucoup n'hésitent pas à payer un médecin, un psychologue ou bien un thérapeute pour pouvoir se dire et se sentir entendus.

Je serais curieux de savoir s'il existe une enquête mettant en évidence que les possesseurs d'animaux ont moins besoin de thérapie que ceux qui n'en ont pas !

Rien ne résume avec autant de douceur et d'émerveillement l'imprévu d'un échange, la lumière d'un partage, que l'émotion d'une rencontre faisant découvrir que l'on sait (plus souvent qu'on ne le croit) tout ce que l'on ne savait pas... que l'on savait.

Ah ! c'est Noël

Noël est un mot magique, investi de promesses d'amour et de paix. Bien que devenue aujourd'hui moins religieuse, la fête de Noël est restée une fête familiale et amicale consacrée aux relations avec les autres. Noël semble ainsi rappeler l'importance de l'amour, et lui donner une place plus grande dans notre vie souvent trop agitée...

C'est une période faite pour partager le plaisir d'être ensemble avec des proches, un temps pour s'offrir la joie de donner, un moment où il fait bon se rappeler une vie commune, des souvenirs joyeux, et parfois moins joyeux, de son histoire...

À l'occasion de Noël, nous tentons de rassembler la famille éparpillée aux quatre coins du pays, nous nous serrons pour accueillir tout le monde, nous préparons un repas, trouvons des cadeaux, anticipons la joie et le plaisir de faire plaisir. Certains veulent profiter de ce moment pour envisager de se réconcilier, renoncer aux accusations et aux reproches et oublier les contentieux – en un mot, faire la paix.

Bien sûr, et nous le constatons chaque année avec une nouvelle amertume, cette fête revêt aujourd'hui un aspect commercial. Une prolifération de gadgets et de décorations produites en masse, plutôt qu'artisanales, nous sollicite. Nous tentons quelquefois de ne pas trop nous laisser entraîner, de résister, afin de préserver la dimension personnelle, la note intime propre à cette fête.

Dans beaucoup de couples et de familles, la crèche créée au début d'une vie à deux ou celle qui remonte à notre enfance ou à notre jeunesse s'est enrichie chaque année de nouvelles figurines... Mais il devient de plus en plus difficile d'harmoniser l'âne et le bœuf d'aujourd'hui, en plastique, avec les moutons moutonnants d'il y a vingt ans, en terre cuite, et d'accorder le *look* de la lavandière et du porteur d'eau découverts l'été précédent en Provence avec les bergers et le forgeron d'antan...

Noël se présente comme une fête de l'amour, un temps pour une réconciliation possible avec son enfance, avec ses proches... Paradoxalement, cette période est aussi propice aux comptes à régler, au réveil de situations conflictuelles restées en suspens... Peuvent apparaître des dissonances entre les membres d'une famille qui ont emprunté des voies différentes, qui ont des réussites professionnelles, maritales ou familiales variées, ou qui ont eu des cheminements spirituels et des engagements de vie aux antipodes les uns des autres. Le temps de Noël devient alors un impitoyable champ de bataille ! Les fêtes de Noël peuvent ainsi basculer et se charger, malgré les intentions de départ, de malentendus, de tensions et parfois de violences qui pèseront longtemps sur les uns et les autres. Si longtemps, que même à Pâques, certains n'en seront pas encore remis !

Prière pour un prochain Noël :
En ce jour qui se lève et contient
tant de possibles, puis-je veiller à ne pas offenser
la vie qu'il contient.

Faire la fête

Il est des temps propices à la fête. L'été est l'un de ces temps suffisamment agrandi par l'espace du ciel et des jours pour accueillir l'ampleur, le débordement, la joie et les excès d'une rencontre festive.

Une fête réunissant beaucoup de monde s'improvise rarement, elle se prépare avec beaucoup de soins. Elle s'organise autour d'un prétexte, devient parfois un rituel. Chacun a entendu parler de certaines soirées fameuses dans les vieux mas et les bastides splendides et discrètes du Luberon qui peuvent réunir jusqu'à deux cents, trois cents invités venus de tous les horizons, de tous les milieux, qui vont se croiser, rire ensemble sans toujours se rencontrer.

Il y a ceux qui ont le sens de la fête, pour lesquels tous les prétextes sont bons pour vivre un moment, une soirée exceptionnelle où se mêleront surprise, plaisir, beauté. Il y a ceux qui donnent la fête et ceux qui font la fête.

Les premiers tirent leur plaisir du plaisir des autres, du déroulement harmonieux de l'accueil des invités, du repas, des moments forts de la soirée, de l'ordonnancement subtil d'un espace et d'un temps offerts aux regards, aux sens de tous les autres. Les invités n'ont qu'à se laisser envelopper, porter, bercer, à s'abandonner au présent de l'instant et à accepter de vivre dans le plaisir inattendu de la rencontre et celui, inépuisable, de pouvoir en parler un peu plus tard, de pouvoir dire « J'y étais ».

Une fête réussie est composée d'un mélange d'instants de grâce, d'étonnements et d'émerveillements reposant sur une préparation vigilante. Si les lendemains de fête sont parfois épuisants, ils s'inscrivent aussi comme des moments précieux qui marqueront telle ou telle séquence de notre vie.

Le goût de la fête n'existe pas chez tout le monde. Il y a les irréductibles qui détestent (ou jalousent !) ceux qui font la fête, il y a les solitaires (comme moi !) qui se trouvent un peu déphasés, inadaptés, trop déstabilisés pour se laisser aller à rire, à oser imploser. Mais le goût de la fête peut se développer, s'affiner, et même susciter des vocations.

Donner une fête et faire la fête sont des cadeaux qui, tout en étant éphémères et impalpables, laissent des traces durables, profondes. La fête colore, illumine, irrigue un lieu de vacances ou de vie, nous donnant parfois le sentiment d'avoir vécu quelque chose d'exceptionnel et d'être nous-même quelqu'un d'exceptionnel !

« C'est beau un jardin qui ne pense pas encore aux hommes. »

Jean ANOUILH

Les vacances et l'eau

L'eau est souvent associée au plaisir des vacances. Que ce soit avec la mer, la rivière ou les lacs, nous sommes beaucoup à rechercher la proximité de l'eau. Cette recherche touche une dimension très profonde, archaïque chez la plupart d'entre nous. Elle nous renvoie certainement à la période prénatale durant laquelle nous avons baigné dans le liquide amniotique pendant neuf mois, dans le meilleur des cas.

Ainsi l'eau est-elle souvent associée à des rires, au plaisir d'être et au bien-être.

Le besoin de se baigner, de se doucher fréquemment est non seulement en relation directe avec la chaleur de l'été et la nudité, mais aussi avec le désir de donner plus d'attention, d'espace et de liberté à notre corps, emprisonné durant toute l'année dans des contraintes assez... contraignantes !

Pendant les vacances de 1964, j'ai tenté d'apprendre à nager à mes cinq enfants. Je ne savais pas que j'entreprenais une tâche aussi éprouvante en comparaison de laquelle les travaux d'Hercule furent certainement un jeu d'enfant ! Nous étions près de Saint-Raphaël, au bord de la Méditerranée, une vraie mer, comme je les aime, pleine du bleu du ciel. Chaque matin et chaque après-midi, il était prévu deux heures d'entraînement intensif ! Je ne conseille à personne d'essayer de se transformer en maître nageur... pour ses enfants et en vacances. Il vaut mieux passer la main à un spécialiste. Ce qui aurait pu être plaisir et joie est devenu, plusieurs jours durant, une corvée, jusqu'au moment où je me suis calmé, les laissant trouver leur propre rythme. Alors, une fois les premières difficultés rencontrées et diverses peurs traversées, transformées en défis, que de gaieté, que de rires, que de plaisirs jaillissant de nos ébats !

Associées à l'eau, existent toutes les activités spécifiques qui permettent à notre corps de se dépasser, d'aller au-delà de ses limites, de se mesurer à ses ressources :

- la planche à voile, pour apprendre à être stable dans l'imprévisible ;
- le surf, pour garder les yeux ouverts dans les rouleaux ;
- le ski nautique, pour la puissance et l'équilibre ;
- la plongée sous-marine, pour découvrir un monde qui menace de disparaître ;
- le pédalo, pour affronter au ras des yeux, en toute sécurité, le miroitement d'un lac ou d'un rivage, et rêver...

La mémoire du cœur est le plus court chemin pour retourner à nos sources et agrandir l'avenir.

Les vacances et la lecture

Nous ne sommes pas tous des *papivores,* et même si nous avons, ancré au profond de nous, le goût de la lecture, les obstacles sont nombreux pour freiner notre passion. La fatigue, les engagements du quotidien, la présence des autres, le besoin de faire, de bricoler, de jardiner, la télévision (surtout) laissent souvent peu d'espace à sa pratique assidue. Le temps des vacances ouvre un espace à la lecture dans lequel beaucoup d'entre nous s'engouffrent avec vivacité : grandes sagas américaines, romans policiers, livres de réflexion ou de bien-être, tout est bon à notre boulimie d'évasion. Les livres font rêver, voyager et surtout stimulent notre imaginaire et par là même notre sensualité.

Associé à la lecture, existe aussi le désir de partager, d'échanger, de confronter des points de vue. Je me souviens de mon enthousiasme de l'été 1969, de mon éblouissement, quand j'ai découvert *Belle du Seigneur* d'Albert Cohen. Depuis, je considère ce livre comme un des grands livres du XXe siècle. Je l'ai dévoré lentement, craignant d'aller trop vite, reculant l'échéance de la fin, mâchouillant inlassablement certains chapitres avec une ivresse que j'avais rarement connue, jusqu'alors. Que de discussions interminables avec ma famille, avec mes proches, avec des inconnus, autour de certains passages. Que de controverses autour de Solal, personnage solaire et paradoxal, quand il dit par exemple à Ariane comment il va la séduire en neuf actions décrites avec une précision irritante, tant elle paraît pleine de fatuité : « Vous m'avez rejeté parce que vous aviez cru que j'étais laid, vieux et grotesque lorsque je me suis présenté à vous déguisé en vieillard, mais vous implorerez à genoux un regard, un geste de moi... ». Ce passage-là a irrité tellement les femmes, et surtout les féministes, que beaucoup ont fermé le livre à la page 70 et décidé une fois pour toutes qu'Albert Cohen était misogyne !

Puis il y eut les vacances de l'an 2001 durant lesquelles je lus, dévorai et laissai mon âme s'agrandir à la lecture du dernier livre de Christiane Singer, *Où cours-tu ? le ciel est en toi*. Et je rêve déjà de toutes ces vacances à venir, entouré, bercé, choyé par tant de livres encore à lire...

J'aime Christiane Singer, quand elle écrit :
« Quand on aime, on est déjà récompensé. »

Difficultés à vivre ensemble

« Aussi longtemps qu'il y a quelque chose à trouver... rien n'est perdu. »

Pierre DAC

Apprendre à vivre non les uns sur les autres, mais les uns avec les autres, au plus proche de nos différences.

Une absence d'humus social

De plus en plus de handicapés sociaux sévissent dans nos villes. Des gens comme vous et moi, qui oublient la proximité d'autrui et se comportent comme s'ils étaient seuls au monde, ne réalisant même pas qu'ils font entrave aux autres, voire polluent l'espace qu'ils fréquentent.

Ainsi en est-il de ceux qui font un usage abusif de leur téléphone portable. Je suis pourtant en faveur de ces téléphones, d'autant que j'en dispose d'un, mais dans un lieu public, je l'utilise *a minima*.

Il m'est aussi souvent arrivé de pester devant une cabine téléphonique monopolisée par un quidam pendant des heures comme s'il s'agissait d'un téléphone privé. Ce dernier avait tellement de choses à dire qu'il épuisait plusieurs cartes sans retenue et sans manifester la moindre sensibilité à l'égard de ceux qui attendaient dans le vent et la pluie, juste sous son nez – mais de l'autre côté de la vitre, dehors !

Je ne perçois ni mauvaise volonté ni intention maligne chez un handicapé social. Le plus souvent, je ne vois dans son attitude qu'aveuglement, surdité ou insensibilité à autrui, à sa présence et à ses attentes. Je ne crois pas non plus que ce genre de handicapé souffre d'une inflation de l'ego ou d'une forme de débilité sociale relevant d'un « moi, j'ai tous les droits », mais davantage d'une altération, d'un appauvrissement du sens social. Pour un tel handicapé, l'autre, les autres n'ont pas de valeur. Face à son exigence personnelle, à son besoin de satisfaction immédiate, ils n'existent pas. Il les croise dans la rue, les bouscule sans les voir, ignorant leur espace propre. En fait, tant que l'autre ne lui est pas utile ou ne le gêne pas, le handicapé social ne lui reconnaît ni consistance ni existence !

Je vois par exemple une voiture s'arrêter devant un magasin ; quelqu'un en descend et se met à discuter avec un employé. Dix voitures sont bientôt bloquées dans la rue. Mais la personne n'a pas un geste à notre intention qui expliciterait la situation, encore moins quelques mots d'excuse… Au bout de dix minutes, la personne reçoit enfin un petit paquet que son interlocuteur lui a remis, remonte dans sa voiture et la voilà qui redémarre, satisfaite, sa mission accomplie, continuant de vaquer à ses affaires sans avoir aucun état d'âme !

J'en ai vu certains qui, au péage, après avoir payé, prennent le temps de se recoiffer, de ranger quelques affaires sur le siège arrière de leur voiture…

L'humus social, qui autrefois était nourri par de nombreuses petites attentions, par une sensibilité respectueuse à la présence d'autrui, cet humus-là est devenu un sable aride accompagnant la désertification galopante des relations humaines.

Mon travail le plus essentiel a consisté, durant des années, à inviter chacun non seulement à se respecter, à veiller à la qualité de ses relations, mais à être vigilant à ne pas envahir l'espace vital de l'autre, car c'est ainsi que la vie que chacun porte en soi sera le mieux vivifiée.

Envahis par les touristes !

Les touristes, qu'il ne faut pas confondre avec les vacanciers ou avec les habitués d'une région, ont des mœurs très particulières, souvent pénibles et quelquefois irritantes, d'autant plus qu'avec les années, elles ne vont pas dans le sens d'une amélioration !

Tout d'abord, les touristes se déplacent en hordes, ils parlent haut et fort, occupent tout l'espace, et quand ils sont en voiture, ils se garent n'importe où. Ils avancent triomphants, non pas à la découverte mais à la *conquête* du lieu qu'ils visitent. Ainsi en est-il de mon village. Village merveilleux, devenu un peu trop médiatisé, dont les ruelles se sont naturellement dessinées, au fil des siècles, selon le jeu des naissances (agrandissement des maisons), les rapports de voisinage (recherche d'une intimité et besoin de protection) et la nécessité d'aménager des zones de circulation (besoin de se déplacer et de se rencontrer).

Le touriste type, au pas décidé, n'est pas un flâneur. Il ne veut pas découvrir, admirer, s'abandonner au plaisir de l'imprévisible, comme on le croit habituellement, il veut pouvoir dire qu'il *a vu*, qu'il *a fait*. Ainsi a-t-il *fait* Carcassonne, Venise, Saint-Rémy-de-Provence, ou Saint-Paul-de-Vence, comme on fait ses besoins : en déposant commentaires, appréciations positives ou négatives, sur ce qu'il consomme et ne consomme pas. Il veut pouvoir dire à tous ses amis, au retour de vacances, qu'il a vu Roussillon-en-Provence, Vaison-la-Romaine, Gordes-sur-le-ciel, l'abbaye de Sénanque, ou, dans le pire des cas... Saint-Tropez !

Le touriste mange, boit, achète des cartes postales. Il touche à tout, les doigts mouillés ou tachés, gluants de glace fondue ou de gaufres affolées par le mistral, tout en mâchant énergiquement un chewing-gum ou du pop-corn. Le touriste touche, pour vérifier que *ce n'est pas du toc,* ou se convaincre que *c'est de l'ancien,* du rustique, du vrai, de l'authentique. Il palpe pour s'approprier ou se dégoûter. C'est un avide, un grand consommateur, un *dévoreur,* pas un gourmet. Il engloutit les restes d'une beauté qui lui échappe mais qu'il n'hésite pas à polluer.

Il assène des points de vue irréfutables sur ce qu'il a vu, compare L'Isle-sur-la-Sorgue et Cavaillon, le marché d'Apt avec celui de Carpentras ! Il croit avoir un avis d'esthète sur le monde, mais *son* monde, enjolivé par le soleil et le ciel bleu, n'est fait que d'apparences, tandis que lui passe à côté de l'essentiel : l'âme d'un village, le cœur d'une région, la vitalité des gens du pays.

Vous pensez que je n'aime pas les touristes ! Pas du tout, vous l'avez compris : je déteste seulement le comportement de certains ! D'autant qu'il m'arrive d'être moi-même un touriste. Alors je veille à ne pas me comporter comme ce genre de touriste.

Dans le pays tendre et violent où je vis, se dessine parfois dans le ciel un flamboiement de tons pastel à pleurer de douceur, dont un touriste boulimique ou affamé va s'emparer, à l'aide d'un flash... pour nourrir son hiver.

« Je vis entouré de violences banales dans un des pays les plus civilisés ! »

Qu'elle soit urbaine ou rurale, la violence est partout, visible, provocatrice ou plus feutrée, dans la rue, à l'école, dans un couloir d'immeuble, au sein d'un quartier. Elle s'introduit parfois dans l'intimité d'un appartement ou d'un pavillon. Tout récemment une commissaire de police, agrégée de philosophie, a établi une échelle des niveaux de violence urbaine.

Le premier niveau comprend la violence sur les biens, les vols à l'étalage et à la tire, les rackets et ce que les adolescents appellent *la dépouille* ; il y aussi la dégradation des biens collectifs et individuels, et ce que l'on nomme pudiquement les incivilités, à savoir les agressions verbales par des groupes de jeunes, de plus en plus jeunes.

Vient ensuite le harcèlement envers ceux qui représentent l'ordre ou l'autorité : les agents de police, les vigiles des grandes surfaces, les chauffeurs de bus, les pompiers. Tout ce qui porte un uniforme est susceptible d'être agressé gratuitement, sans autre motif que s'en prendre à l'ordre, c'est-à-dire à des contraintes potentielles.

S'ajoutent les violences à l'encontre des enseignants, objet de menaces et d'agressions alors qu'ils ne font que leur travail.

Cette violence est qualifiée de gratuite, car elle n'est pas liée au comportement de l'une ou de l'autre des personnes agressées, mais à ce qu'elles représentent. Elle peut être psychologique (pression morale, climat d'insécurité) ou physique et, dans ce dernier cas, aller de la bousculade aux coups, voire au meurtre même si un tel geste reste très rare.

La violence atteint un autre niveau avec les outrages, les attaques personnelles, les graffitis injurieux, et la rébellion envers toute tentative d'intervention ou au simple rappel d'une règle de vie en commun ou d'une loi.

Les rébellions collectives survenant souvent après un incident banal (vol de voiture ou interpellation), les provocations ou les pièges tendus à des agents de la force publique, les rodéos, les *parcocages* (télescopages volontaires des voitures), jusqu'aux émeutes qui mettent un quartier à feu et à sang, ralliant des personnes qui ne sont habituellement pas impliquées dans la délinquance, constituent (en dehors de la guerre civile, qui en est le degré ultime), le dernier degré de la violence sociale.

Ces descriptions permettront à chacun de constater que la violence est aujourd'hui devenue banale, et que même s'il n'est pas directement impliqué, sa vie quotidienne est entourée de ces possibles faisant qu'une irruption inattendue de violence dans son existence personnelle est toujours envisageable.

Et je n'ai pas parlé des autres formes de violence plus invisibles, plus ouatées qui nous sont imposées : celle de la chaîne alimentaire qui modifie génétiquement la nature des produits, en falsifie l'origine et le conditionnement ; celle des compagnies pharmaceutiques qui mettent au point des médicaments créant des accoutumances.

Je n'ai pas non plus mentionné la violence faite à nos imaginaires par certains films d'« action », celle que les corruptions et malversations de toute nature opèrent sur nos valeurs et croyances, ni la violence politique, tels ces décrets ministériels qui laissent circuler du sang contaminé, des farines animales, des conditionnements défaillants…

Certains penseront que la vie d'aujourd'hui n'est pas de tout repos… surtout dans un pays civilisé ! En effet, elle ne coule pas comme un long fleuve tranquille, entre les berges de nos existences…

« Change en toi, ce que tu veux changer dans le monde. »

GANDHI

La violence au quotidien ou « J'ai le droit de tout faire »

À la gare d'Avignon, comme dans tous les lieux publics en France, il est partout indiqué « Interdiction de fumer ». Un soir que j'attendais des amis, le train ayant du retard, j'ai assisté et participé à un incident ordinaire de la vie d'un citoyen d'aujourd'hui.

Dans le hall, un jeune garçon demande une cigarette à un voyageur. Ce dernier sort alors son paquet, en prend une pour lui-même, puis en offre une à son interlocuteur tout en lui donnant du feu. Ils se mettent ainsi à fumer de conserve. J'attends un peu, pensant qu'ils vont sortir pour aller se consumer à l'extérieur... Grande naïveté de ma part ! J'interviens alors, leur demandant d'aller fumer au-dehors tout en leur montrant l'un des nombreux panneaux d'interdiction. L'un me dit spontanément d'aller « me faire foutre », tandis que l'autre, doué d'une grande volubilité, me traite de « connard, pédé, lavette... » et autres noms d'oiseaux exotiques ! Je maintiens ma position, mentionnant que nous nous trouvons dans un lieu public. L'un s'avance alors vers moi au point de me frôler et, le visage tout contre le mien, me dit : « Pourquoi tu me cherches des histoires, t'as pas autre chose à faire que de me faire chier ? » Deux autres personnes s'en mêlent et me conseillent à leur tour de « ficher la paix » aux fumeurs. Pour tous, je suis devenu *l'empêcheur de fumer en rond,* je suis un agresseur ! Si la fumée me gêne, me signifie-t-on, je n'ai qu'à sortir moi-même de la gare et arrêter de faire des histoires et d'embêter tout le monde pour rien ! Pour rien... Sur ces derniers mots, je perds un peu pied, tente de dire que je ne veux pas me comporter en policier, mais simplement pouvoir me respecter. C'est une des plus grandes difficultés que j'éprouve aujourd'hui en public : pouvoir me respecter. Je ne demande pas à être respecté, simplement à pouvoir me respecter moi-même, en ne laissant pas faire n'importe quoi autour de moi, en ne faisant pas comme si je n'avais rien vu, en ne cautionnant ni l'à-peu-près ni l'inacceptable ! C'est une des violences les plus perverses que nous rencontrons : ne plus pouvoir nous respecter parce que nous nous laissons entraîner à la passivité. Il vaut mieux nous taire, fermer les yeux, ce n'est pas notre affaire... On nous incite à laisser faire, à ne pas faire d'histoires, ou à sortir de l'histoire qui se fait...

Je sais qu'il est des combats plus importants, des prises de position plus essentielles, des décisions de vie autrement plus vitales que rappeler un interdit bénin ou affronter la pseudo-liberté de certains. Mais je sais aussi, intérieurement, que toutes les petites violences dont nous sommes l'objet au quotidien sont le germe de la violence générale que la télévision nous offre en abondance – que celle-ci n'est que le reflet amplifié, la projection condensée de celles-là.

Au-delà des violences visibles, reconnaissables par chacun, des violences invisibles, plus subtiles, plus perverses traversent nos existences. Elles sont entretenues par nos aveuglements, nos surdités, et surtout nos silences.

La violence des jeunes s'exerce surtout sur... les jeunes !

La violence des jeunes est multiforme. Elle va des insultes aux coups, en passant par des bousculades gratuites, des surenchères de moqueries et d'injures, des disqualifications. La pratique de plus en plus fréquente du racket, les servitudes imposées, les obligations et contraintes diverses qui s'exercent à l'intérieur comme à l'extérieur de l'école l'amplifient.

Il est difficile de savoir si les jeunes ne souhaitent pas parler de ces pratiques ni les dramatiser parce qu'elles font partie de l'ordinaire de leur vie, parce qu'ils pensent qu'elles sont sans gravité, ou encore parce qu'ils craignent les représailles ou le rejet de la part du groupe, en vertu du code implicite de ce dernier, auquel ils adhèrent et sont fidèles : « Ça ne regarde pas les adultes, ça reste entre nous, c'est à nous de nous débrouiller avec ça ! » disent-ils à l'occasion.

Certains enfants et adolescents vivent cependant dans un état d'insécurité aiguë, connaissent un malaise profond et du stress, susceptibles de se traduire par des comportements de fuite, un refus de la réalité au profit du monde virtuel, voire des conduites destructives à l'endroit d'un environnement qui leur paraît inacceptable parce que dépourvu d'horizon et de valeurs auxquelles s'identifier. Même si les agressions subies et les agressions commises concernent souvent la même population, s'il y a des différences liées à l'origine sociale et au cadre de vie, nous retrouvons des manifestations de violence à répétition dans tous les milieux et de plus en plus tôt, y compris chez de très jeunes enfants.

Dans les écoles techniques ou professionnelles, qui sont moins valorisées, les agressions sexuelles sont plus nombreuses. À une dévalorisation de l'image de soi semble correspondre une tentative pathétique d'imposer quelque chose de soi, de forcer, de laisser sa marque.

Une violence endémique se répand dans toutes les couches sociales. Elle a pour base la dérision, la disqualification et surtout des relations dominant-dominé induisant des rapports de force sans garde-fou ni balise, et qui échappent aux regards et à l'influence des adultes. Dans les cours des collèges et des lycées, les mots n'ont plus vocation de permettre l'échange, de favoriser la mise en commun, mais ils sont utilisés comme des coups, pour blesser, humilier, rejeter. Au vu de ce contexte, « Nique ta mère » est un minimum, juste une entrée en matière !

Pour beaucoup d'enfants d'aujourd'hui, les tentatives d'échange ne se font pas sur le mode du partage ou de la mise en commun par réciprocité, mais par des affirmations brutales, des disqualifications de l'apport de l'autre, des généralisations aveugles et des commentaires réducteurs qui laissent peu d'espace à des partages de points de vue, à de vraies discussions et à des confrontations mutuelles qui sont les fondements de la communication.

L'adolescence est un âge d'incertitudes et de lucidités terribles au regard duquel nous, les adultes, saisissons les teintes de leurres et de désastre colorant les bribes de liberté de notre monde.

Besoin de reconnaissance et violence chez les adolescents

La haine est souvent de l'amour maltraité. Dans un premier temps, elle semble soulager celui qui l'éprouve, dans un deuxième, elle l'empoisonne et pollue sa vie, dans un troisième, si elle s'est accumulée sans pouvoir se dire, elle risque de prendre la forme d'un ressentiment autodestructeur, voire de se déverser dans des actes de violence, des passages à l'acte qui sont autant de cris pathétiques pour tenter de se faire entendre.

Tout acte de violence n'est pas nécessairement la résultante d'une haine. C'est parfois l'accumulation d'une succession d'injustices, d'humiliations, de trahisons qui débouchent sur l'impuissance, sur le désespoir ou sur la révolte.

Chez certains adolescents viennent s'ajouter l'impression douloureuse, le sentiment oppressant que leur avenir est fermé, bouché, que demain ne sera pas plus juste qu'aujourd'hui, que leur horizon futur est aussi vide que l'espace dans lequel ils survivent au présent. Je pense ici aux jeunes des grandes cités qui ceinturent les métropoles de mon pays et de bien d'autres. Pour beaucoup, tout se passe comme si le rêve ne pouvait pas s'incarner dans un projet, s'inscrire dans une réalisation. Nous le savons, la vie n'est pas un long fleuve tranquille se jetant dans un océan de réussites. Elle est une succession de situations où l'imprévisible surgit dans une réalité qui restera peut-être accessible, vivable, mais qui pourra aussi se dérober du fait d'obstacles infranchissables ; ceux-ci brouilleront la rencontre avec le réel, et renverront à la révolte, à la marginalisation.

Chacun d'entre eux peut traverser des moments difficiles, se heurter à des difficultés, faire face à des incompréhensions – encore lui faut-il apercevoir la possibilité d'un changement, une lueur propre à alimenter le désir de vivre en paix avec soi-même et avec les autres. Sinon, la seule option alternative sera d'affronter les autres pour exister, de générer de la violence contre autrui afin de fuir la violence éprouvée en soi-même et parfois contre soi-même, devenue trop insupportable.

Le respect recherché par beaucoup de jeunes relève surtout d'une demande de reconnaissance. Il est vrai que cette demande est souvent maladroite, excessive dans son expression, disproportionnée dans ses exigences, dérangeante et inquiétante dans ses manifestations les plus banales... Aussi déclenchera-t-elle le plus souvent du rejet, des jugements de valeur insupportables et une non-reconnaissance de la part des adultes. Si tel est le cas, les jeunes, n'obtenant pas la reconnaissance des pères, vont rechercher celle des pairs. Cela, au travers de conduites atypiques, provocatrices, agressives, destructives, trop excessives pour être reçues et entendues. En retournant parfois la violence contre eux-mêmes, ces adolescents-là confirment leur statut d'êtres à part, indomptables, non soumis, ce qui entretient le cycle de l'incompréhension.

Je rappelle que parmi nos besoins relationnels fondamentaux, outre le besoin de se dire, d'être entendu et valorisé, celui d'être reconnu est central.

La violence est le langage de la peur, du désarroi, de l'impuissance, non de la puissance comme on le croit trop souvent.

Faire face à l'agressivité

Évoquons d'abord l'agressivité la plus manifeste, celle qui s'exprime souvent sans retenue : l'*agressivité verbale*. Elle est fréquente quand l'expression de ce qui est ressenti a été longtemps emmurée dans les silences et les non-dits. Il peut arriver que quelqu'un explose devant nous, se mette à hurler, à nous insulter, à nous dévaloriser, ou remette soudain en cause notre comportement, nos paroles, notre façon d'être. Cette violence verbale n'est pas toujours vécue comme une agression par celui qui la reçoit ; elle peut être entendue comme un débordement, un excès compréhensible qui ne le menace pas réellement, même si parfois cet excès le surprend et le chagrine !

Lorsque nous nous sentons agressé, c'est qu'une partie de nous est touchée, déstabilisée, mise en danger ; il peut aussi s'agir de quelque chose de plus ancien, qui nous rend particulièrement vulnérable, telle une blessure qui se trouve ravivée ou une situation inachevée qui refait surface en nous.

Face à un agresseur, il peut être important de faire un pas de côté pour montrer que nous ne voulons pas recevoir de plein fouet son agressivité. Quand cela est possible, nous pouvons aussi inviter l'autre, non pas à dire ce qui s'est passé, mais ce qu'il a ressenti, ce qu'il a éprouvé, ce qui a été touché en lui : « Je vois bien que vous êtes en colère contre moi, surtout contre mon attitude ou ce que j'ai dit. Pouvez-vous me dire en quoi mon comportement vous perturbe autant ? » Si c'est quelqu'un de proche, peut-être pouvons-nous lui demander quelle situation douloureuse est réveillée dans son histoire. Nous pouvons aussi mettre des mots sur ce qui se passe en l'explicitant : « Cela paraît très important pour vous de m'accuser, et même de me menacer et de me disqualifier… » ou « J'ai bien vu que je vous avais irrité en faisant cette marche arrière imprévue ». La confirmation permet de rejoindre l'autre dans ce qu'il ressent intimement. Ce faisant, nous évitons d'avoir une attitude purement réactionnelle, toujours présente en soi et généralement stimulée par la position agressive de l'autre.

En fait, celui qui nous agresse veut surtout être entendu, il réclame justice par rapport à un sentiment d'humiliation, d'impuissance, de trahison, que notre conduite a soudainement éveillé en lui.

L'*agressivité physique* est plus difficile à gérer, car elle est fonction de l'intention (ou de l'absence d'intention) de l'agresseur de nuire, de faire mal, de violenter, autant que de notre peur. Trouver la bonne distance, prendre le risque de dire ce que nous ressentons, inviter l'agresseur à changer de mode d'expression et à retrouver des mots pour exprimer ce qu'il ressent ou ce qu'il a vécu, lui, peut aider… parfois !

Face à une agression, notre taux d'adrénaline augmente et nous place quasi automatiquement en position de défense-fuite ou de défense-agression. Ce n'est pas à proprement parler un choix, plutôt une réaction que notre cerveau reptilien, conditionné à nous dicter le comportement le plus adapté à la survie, nous impose. À ce niveau, le choix est très limité. Entre la contre-agression, la fuite, l'inhibition ou la créativité, qui sont autant de modes d'adaptation face à une situation gênante ou inquiétante, face à une menace plus grave, notre cerveau primitif choisit quasi automatiquement l'agression, la fuite ou l'inhibition ! Pour la créativité il faut davantage de sécurité intérieure !

Il arrive que la rencontre avec certains événements ou personnes soit une excellente occasion pour tempérer les manifestations de notre ego. Soyez attentif à ces événements, à ces personnes, prenez-en soin !

Être confrontée à l'envie, à la jalousie, à la mesquinerie... d'autrui

Cette femme, professeur de français au Québec, m'écrit :

« J'ai du mal à composer avec l'envie, la jalousie, la mesquinerie dans ma vie professionnelle. J'y arrive mieux dans ma vie personnelle, mais quand il s'agit du travail et que cela vient d'étudiants, je me sens démunie et coincée entre eux et mes employeurs.

« Heureusement que ces êtres négatifs et mal avec eux-mêmes ne sont pas la majorité, mais ils font toujours du tort parce qu'ils réussissent très habilement à manipuler et à semer le doute. Ils créent des situations pénibles par leur mauvaise influence sur les autres, rendent mon travail plus difficile à accomplir et me mettent parfois dans l'obligation de devoir justifier inutilement mes actes, mes paroles, voire ce que je suis, face à mon employeur. Les critiques de ce dernier ne concernent alors plus ma compétence professionnelle mais plutôt ma personnalité. Croyez-vous que certaines personnes attisent plus que d'autres ces vilains sentiments ? Je sais que vous avez aussi à vivre de telles situations (sûrement beaucoup plus souvent que moi et pas pour les mêmes raisons) et j'aimerais savoir comment vous réussissez à ne pas être perturbé.

« Ce problème relationnel fait partie de ma vie depuis toujours. Je trouve parfois difficile de me faire accepter telle que je suis. Je suis d'accord pour changer certaines attitudes ou comportements mais non ce que je suis fondamentalement. Je n'en ai pas l'intention, car je sais que je suis foncièrement bonne. Je dois trouver le moyen d'être moins touchée mais, dans ces circonstances, je n'y arrive pas. »

Nous sommes tous, en tout temps et à certaines étapes de notre vie (en période de réussite par exemple !) des surfaces de projection plus ou moins réfléchissantes, sur lesquelles sont susceptibles de venir se jeter à la fois les désirs et les peurs de ceux qui nous entourent. Si nous nous mettons trop en avant, nous offrons plus que d'autres l'occasion d'une telle projection à notre entourage, et prenons ainsi plus de risques de nous voir adresser un ensemble de sentiments ou de perceptions positives ou négatives qui ne nous concernent pas véritablement ! En effet, même si les projections ne sont pas toujours négatives... elles nous décentrent de notre propre perception.

Par ailleurs, j'ai remarqué que lorsque quelqu'un est effacé ou apparaît comme tel, il provoque également des projections. Nous lui attribuons des pensées, des intentions qui ne sont pas toujours les siennes, ou nous interprétons ses comportements, donnons un sens parfois déformé à ses attitudes ou paroles... Paradoxalement, être trop voyant et être effacé semblent provoquer les mêmes effets désagréables et parfois pernicieux.

Pour faire face à de telles situations, je propose la démarche suivante. Dans un premier temps, accepter d'écouter en nous la résonance des paroles, des actes ou des conduites qui nous blessent, pour tenter de comprendre à quoi cela nous renvoie, à quelles blessures anciennes touchant à la disqualification de soi, l'injustice, l'humiliation ou le sentiment d'impuissance cela peut être associé dans notre histoire.

Dans un deuxième temps, nous pourrons restituer sa perception à la personne, en lui indiquant qu'elle lui appartient et que nous ne nous reconnaissons pas en elle.

Si ce problème relationnel fait partie de notre vie depuis toujours, cela indique généralement qu'il existe un point de cristallisation douloureux, un conflit interne entre l'image que nous avons de nous-même et celle que nous donnons.

Dans la lettre mentionnée, il semble que la personne ne soit pas d'accord avec la façon dont elle est perçue comparativement à la manière dont elle se perçoit elle-même. Je sais que le besoin d'être reconnu tel que nous sommes est un de nos besoins fondamentaux, mais pour pouvoir nous faire reconnaître, encore faut-il que nous acceptions de nous montrer tels que nous sommes !

Si le malentendu persiste, c'est qu'une part de nous doit tenter de se faire accepter… en n'osant trop se montrer, voire en se cachant ! Quand cette personne écrit qu'elle se sent foncièrement bonne, cela veut certainement dire que la plupart du temps elle se sent ouverte, bienveillante à l'égard des autres, ne pense pas de mal d'autrui pas plus qu'elle n'envisage de faire le mal… mais comment l'autre peut-il le savoir ?

Par ailleurs, nous envoyons, parfois malgré nous, des signaux négatifs aux personnes qui nous entourent, parce que nous avons soudain l'impression de voir revivre à travers elles des personnes de notre passé. Nos signaux ne s'adressent donc pas à la personne contemporaine, mais à ces gens du passé qui semblent se réactualiser tout à coup devant nous. À partir d'un signe minuscule ou insignifiant, nous pouvons ainsi développer des sentiments négatifs, des jugements de valeur qui nous surprennent, nous indignent, voire nous blessent sans que nous en comprenions le sens, car ce mécanisme est en général inconscient. Ainsi chaque rencontre contient-elle le risque de nous entraîner à naviguer entre plusieurs moments ou états de notre vie, qui peuvent toutefois être autant de révélateurs de nos possibles, si nous acceptons de les entendre.

Le chemin est long pour tenter de clarifier et de réconcilier l'image que j'ai de moi, l'image que je voudrais que les autres aient de moi, l'image qu'ils ont de moi et l'image qu'ils voudraient que j'aie de moi...

Il peut m'arriver de décevoir ou de stimuler, malgré moi, chez l'autre, des perceptions négatives. C'est parfois le prix à payer pour avoir osé me montrer tel que je suis, c'est-à-dire, parfois, trop différent et donc inquiétant.

Les pseudo-engagements

Le quotidien d'une vie de couple, les relations avec des proches, voire la pratique professionnelle sont l'occasion de nombreux pseudo-engagements propres à déclencher des malaises, des tensions, de la rancœur, et parfois même de la violence chez l'un des protagonistes quand ce dernier découvre que les engagements pris ne sont pas tenus.

S'engager librement ne peut se faire qu'à partir d'une capacité pleine et entière de faire des choix. Et choisir une direction, c'est renoncer aux autres. Je ne peux m'engager réellement quand je ne peux choisir, soit parce que je suis dépendant, c'est-à-dire soumis à une force extérieure, par exemple à une drogue ou à l'influence de quelqu'un, soit parce que je ne suis pas détaché d'un précédent engagement, soit enfin parce que je suis emprisonné dans la dynamique du tout ou rien. Dans ce dernier cas, plutôt que de se priver de quelque chose, certains, croyant pouvoir obtenir *tout,* refusent ce qu'ils considèrent comme trop peu et se tournent vers ce qui leur apparaît comme *un plus* quitte à trahir sans état d'âme les engagements pris.

S'engager suppose donc une disponibilité, une ouverture et une autonomie. Ce sont les éléments de base qui permettent de se définir et donc de prendre position face à l'autre. Je ne m'engage pas véritablement lorsque je réponds seulement « Oui » à la demande, au projet ou à la proposition de l'autre ; il faut aussi que je sois capable, en même temps, de dire non à autre chose. Si je ne parviens pas à faire un vrai choix, j'enferme l'autre dans un pseudo-engagement :

« C'est elle qui m'a demandé si je voulais l'épouser, raconte un homme. Jusqu'alors je n'y avais jamais pensé. J'étais bien dans notre relation, mais sans plus. J'ai eu peur de lui faire de la peine en refusant, alors j'ai dit oui. Elle a paru si heureuse que j'ai presque cru que c'était moi qui avais eu l'idée de la demander en mariage. » L'homme qui s'exprime ainsi est marié depuis dix-huit ans mais, de même qu'il n'a pas su se situer réellement pour entrer dans le mariage, il ne peut le faire davantage pour en sortir. Le couple ne marche pas du tout, lui et sa femme sont l'un et l'autre emplis d'insatisfactions et de ressentiment, mais lui attend que ce soit elle qui propose ou demande le divorce...

Les situations plus banales et moins critiques de la vie quotidienne viennent de ce que nous confondons fréquemment le « Oui » marquant un accord ou un ajustement momentané avec le « Oui » traduisant un véritable engagement.

C'est un lundi soir, elle propose : « On pourrait aller au cinéma mercredi, il paraît qu'il y a un nouveau film de Woody Allen », il répond : « D'accord. » Pour elle, c'est acquis. Elle est l'initiatrice du projet, elle peut en rêver et même anticiper le plaisir de la soirée à venir. Et le mercredi soir, elle est tout étonnée de voir son partenaire en pyjama, feuilletant le programme de télévision ou envisageant une soirée au coin du feu... Elle s'irrite et se sent blessée devant ce qu'elle croit être le peu de fiabilité de son partenaire. Elle n'a pas réalisé que le « Oui » du lundi n'exprimait pas un engagement, mais un simple ajustement lié au moment. Si son partenaire était lucide, il lui dirait, en ce mercredi soir : « C'est vrai, je t'ai dit oui lundi soir mais sans y penser vraiment. J'étais fatigué et je ne voulais pas te décevoir ni gâcher notre soirée. En fait, je pensais que nous en reparlerions. »

Vérifions la nature du « Oui » qui nous est adressé !

Il y a un moment de la vie où il faut arrêter de regarder l'avenir dans le rétroviseur, car ce dernier est tourné vers le passé !

Cette culpabilité qui pollue notre existence !

« J'ai été nourrie au biberon de la culpabilité, une source en continu qui alimentait toutes les relations avec ma mère. La culpabilisation entre une mère et sa fille (plus rarement l'inverse) est un poison très puissant... Je n'en suis pas morte, seulement handicapée à vie... » Et cette femme poursuit tout au long d'un dossier de quelque trente pages la liste des violences morales, psychologiques, relationnelles que sa mère semble lui avoir fait subir.

La culpabilisation d'un enfant par un parent (ou un proche), c'est bien connu, doit cependant être diffusée à dose homéopathique, car il faut garder le sujet vivant le plus longtemps possible, de préférence jusqu'à la fin de sa vie, pour continuer à déverser en lui le trop-plein qui vient souvent de loin dans l'histoire du parent. Ne croyez pourtant pas qu'un père ou une mère empoisonne volontairement la vie de son enfant. Cela arrive, on a d'ailleurs donné à cette pratique le nom de syndrome de Münchhausen, mais cette disposition à nourrir sa progéniture de messages toxiques se fait le plus souvent malgré le parent, à son insu. Si sa propre histoire est encombrée de multiples déchets, de conflits non réglés, de situations inachevées, de frustrations, de violences subies, de reliquats d'accusations et de non-dits, il ne peut rien laisser passer d'autre que tout ce mauvais qui a été reçu dans le passé. Sa *tuyauterie relationnelle* est parfois tellement imprégnée que même le bon qui pourrait y circuler à l'occasion a un goût fétide, une saveur de rance, voire de pourri... D'autres fois encore, les canaux relationnels sont tellement bouchés, obstrués, que rien ne passe. Là encore, le parent en voudra à l'enfant, de ne pas savoir le prendre comme il est. Dans tous les cas, comme c'est l'enfant qui révèle la mauvaise qualité de la relation, c'est lui que l'adulte considère comme coupable et c'est à lui qu'il s'en prend. La preuve : la mère ou le père le crie, le hurle, non pas toujours avec des mots, des paroles articulées, mais souvent avec un silence plus épais qu'une chape de plomb, des regards lourds de reproche, de fatigue, de pseudo-compréhension. Le corps de ces adultes en témoigne aussi, chevillé qu'il est par le besoin de contrôle et par sa raideur, qui se déplace d'un bloc, monolithique, clôturé par tous les rejets antérieurs. Des somatisations, justement réparties dans différents organes, des dysfonctionnements corporels devraient avertir l'intéressé, l'inviter à entreprendre quelque chose pour lui-même. Cette sclérose en plaques circonscrite sur une jambe, cette arthrose de la hanche, quelques kystes, voire un cancer ou, pour faire face à la rétention verbale, une constipation chronique et systématique. D'autres fois ce seront des tics : renifler toutes les trente secondes par exemple, ou tousser à l'approche de certains mots. À moins que le canal lacrymal ne soit régulièrement obstrué et enflammé, toutes les larmes retenues, en attente, comprimées depuis des décennies… Car le corps dispose de son propre langage, il parle à notre insu, surtout chez les plus endurcis d'entre nous, il parle courageusement, tenacement, durant des années, pour tenter de se faire entendre, souvent en vain. Ces signes et bien d'autres seront étouff[illegible] ar quelques médicaments inappropriés – mais terri[illegible] ficaces !

Ainsi certains enfants dev[illegible] nptômes vivants des blessures cachées, des c[illegible], des situations inachevées de la vie et surtout [illegible] de leurs parents…

Il est risqué de trop se p[illegible]ıer sur un enfant,
c'est le meilleur moyen de to[illegible]nber ou de recevoir
un coup de pied au derrière !
Mieux vaut se mettre à sa hauteur,
c'est le meilleur moyen de grandir.

Ces rumeurs… blessantes

« Il paraît que le chef de service est homosexuel… », « Le chauffeur du patron est responsable du suicide de sa femme, il n'était jamais chez lui quand elle avait besoin de lui ! », « Savais-tu que le comptable couchait avec la moitié des secrétaires ? », « Les nouveaux voisins, on ne sait pas d'où ils viennent, mais à leur couleur, je vois déjà ce que c'est… »

On vous donne ainsi, sous couvert de confiance, la primeur d'une nouvelle. Mais surtout, on sème un doute, on lance une information qui va donner une certaine image de quelqu'un, lui apposer une étiquette parfois définitive, et certainement polluer votre imaginaire. Les rumeurs sont toujours pernicieuses. Beaucoup seraient désamorcées dès le départ si celui qui les reçoit ne prenait pas l'information sur lui, la laissait à celui qui les véhicule et répondait par exemple : « Oui, j'entends bien que toi tu penses ou tu crois que le chef de service est homosexuel. »

Il serait aussi possible de confronter la personne avec elle-même : « Veux-tu me dire ce que cela touche de savoir que le chef de service est homosexuel ? »

Les rumeurs ont plusieurs fonctions, entre autres : disqualifier, nuire, blesser, colporter une image négative, semer des interrogations pernicieuses ou susciter des déplacements d'enjeux. Et pour ce dernier point beaucoup d'entre elles sont de caractère manipulatoire : « Si l'attention se focalise sur le comptable, elle sera moins centrée sur moi. »

Certaines rumeurs sont *téléguidées* dans un but précis. Celles qui ont circulé dans les années 1950 à Orléans à propos de boutiques tenues par des juifs visaient à la fois à déloger les occupants pour permettre à d'autres commerces d'occuper le terrain dans une rue passante et à ternir l'image des juifs dont on parlait de façon très positive après la Libération.

Une rumeur se développe sur un terrain sensible. Elle vise une cible connue.

Ceux que le succès comble trop rapidement feront l'objet de rumeurs cherchant à les salir, à dévaloriser leur image et à disqualifier leur réussite : « Si elle a été nommée chef de service, au bout de seulement trois ans... c'est qu'elle a dû payer de sa personne... Je ne sais pas si tu vois ce que je veux dire ! »

Une rumeur est un poison. Elle se distille parfois avec beaucoup de sincérité, sans que celui qui l'amplifie ait un objectif précis, sans qu'il ait même toujours conscience de nuire. La perversité banale, au quotidien, est un gaz carbonique particulièrement toxique qui pollue nombre de relations.

Remonter à la source d'une rumeur est souvent impossible. Il faut donc beaucoup de cohérence et de sécurité intérieure pour ne pas se laisser atteindre par une rumeur. Comme on ne peut contrôler l'imaginaire de ceux qui la diffusent, on doit se contenter de se positionner, de s'affirmer, de mieux se définir. Il y a quelques années, la comédienne Isabelle Adjani, à propos de laquelle courait la rumeur qu'elle était atteinte du sida, a pu le faire avec un certain succès, mais elle en fut blessée et meurtrie profondément.

« Impose ta chance, serre ton bonheur et va vers tes risques. À te regarder, ils s'habitueront. »

René Char

Insulté à un feu rouge !

Une insulte, même si elle vous est adressée, ne vous concerne pas nécessairement. Celui qui l'énonce tente de dire son insatisfaction, son irritation, sa colère, il a besoin de se soulager. S'il vous traite de « corniaud » ou de « débile profond » quand vous traversez au moment où les feux sont à l'orange, il vous dit par là sa frustration d'être obligé de freiner...

Il est des insultes qui visent à exprimer un ras-le-bol, un état émotionnel négatif ; d'autres, plus orientées, cherchent à blesser, à disqualifier, à atteindre vraiment la personne dans sa sensibilité ou ses valeurs. Dire à son collègue de travail : « Je trouve que ton projet est nul, inintéressant et sans avenir », c'est l'atteindre dans d'autres dimensions que celles mises en jeu sur le plan professionnel.

Pour ce qui est du comportement des automobilistes, il semble que quelque chose de l'ordre de l'agressivité à fleur de peau se déclenche sitôt qu'un homme est au volant ! Toutes les règles sociales de bienséance ou de politesse élémentaires se trouvent, d'un seul coup, oubliées, bannies. Il arrive effectivement que plus vous vous excusez, plus la personne redouble de noms d'oiseaux, comme si elle était stimulée par le pouvoir qu'elle a de vous mettre mal à l'aise ou de vous disqualifier...

Dans un tel contexte, les excuses sont considérées comme une preuve de faiblesse ou de lâcheté, les tentatives d'apaisement comme un refus inacceptable du conflit – l'autre tient tant à *son* conflit ! Il règle peut-être avec vous, piétonne distraite, un conflit qu'il n'a pas osé affronter le matin même avec sa femme, ou avec vous, senior à la retraite, une humiliation mal digérée venue d'un chef de service ou d'un collègue !

Il faut se rappeler que les mots ne sont pas des actes, que si violents soient-ils, ils ne deviennent pas la réalité. Vous n'êtes pas idiote parce que l'autre vous traite d'idiote. Vous n'êtes pas un demeuré parce que l'autre vous traite de débile profond !

Il est possible, le plus souvent, de confirmer : « Oui, vous me voyez comme un idiot, j'ai bien entendu que vous pensez que je suis un demeuré. » La confirmation active consiste à reconnaître à l'autre son point de vue, à laisser chez lui ce qu'il ressent, voire sa colère, sans se laisser polluer !

Dans ces situations l'humour n'est pas recommandé. Un jour, à un homme qui m'avait traité de « pédé », d'« enculé et impuissant », j'avais répliqué que je n'avais pas besoin de connaître ni ses spécialités ni ses difficultés sexuelles… qu'il ferait mieux de parler de tout cela, dans l'intimité, à une personne plus compétente que moi… Notre échange a manqué de se terminer en pugilat !

**Un homme qui se montre tel qu'il est,
dans sa façon d'être, de parler, d'écrire
ou d'agir… quelle rareté !**

Le compagnonnage professionnel à la dérive

Les exigences terribles du marché (et non de l'économie) pèsent actuellement de façon redoutable et violente sur beaucoup d'entreprises. Le départ à la retraite, dans ces entreprises, est la plupart du temps vécu par l'intéressé avec un grand soulagement, mais en même temps avec regret et colère.

Au bureau ou à l'atelier, celui qui part n'est pas toujours remplacé, et s'il l'est, c'est en général une fois qu'il a quitté l'entreprise et que le poste est libéré. Un jeune ou une personne sans expérience professionnelle directe comble alors le poste qui était tenu jusque-là par un professionnel expérimenté et soucieux de maintenir son niveau de compétence au plus haut degré. Les jeunes qui arrivent, s'ils représentent du sang nouveau, n'ont le plus souvent que peu de connaissance intime du service, du poste de travail, des rouages subtils qui régissent l'équipe.

Une caractéristique de notre époque est que le compagnonnage professionnel traditionnel, qui reposait autrefois sur des valeurs de respect, d'exigence ainsi que d'enthousiasme envers le travail accompli, se trouve réduit à la passation de quelques consignes minimales pour permettre à la machine commerciale de tourner. Il n'existe plus, ou si peu, de transmission de savoirs, de savoir-faire, de *savoir-être,* entre celui qui s'en va et celui qui arrive. Celui qui part emporte avec lui un capital de connaissances, de savoir-faire, d'expériences concrètes qu'il n'a pas eu le temps de transmettre à la nouvelle génération, pas plus qu'il n'a eu le temps de se confronter à elle. Certains travailleurs, au-delà de leurs tâches et de leurs fonctions, sont pourtant la mémoire vivante d'un métier. Et si cette mémoire n'est plus transmise, elle se perdra et sera oubliée, et c'est toute l'âme d'un métier qui disparaîtra.

Combien vont partir, quitter leur emploi avec le sentiment d'un immense gâchis, et l'amertume, le regret que l'entreprise n'ait pas prévu un temps de travail en commun d'échange et de partage ? Un temps qui aurait permis à l'employé d'expérience de sensibiliser le nouveau venu, au-delà du savoir-faire, au savoir-être nécessaire à un *savoir-créer* et un *savoir-produire* de qualité associés à des exigences, à de la rigueur et à de la cohérence ?

Avoir exercé un métier pendant plus d'un tiers de siècle, tenu un poste, avoir été responsable d'une tâche, avoir su intégrer une pratique débouchant sur une philosophie de vie professionnelle, tout cela devrait faire que les instances dirigeantes aient le souci de préserver un tel capital humain !

Aujourd'hui, il est rare, de plus en plus rare, que l'on tienne compte de tous ces aspects dans le monde du travail. On remplace, on jette, on élimine, on *dégraisse,* on licencie, on met en préretraite et la sève vivante d'une entreprise s'écoule, inutilisée, pour parfois se perdre à jamais.

Les visionnaires les plus dangereux sont ceux qui ne voient jamais rien de ceux qui vivent tout proches d'eux.

Tout ce que je hais de par le vaste monde...

Je croyais être animé de peu de haines, j'avais le sentiment, erroné, que j'étais plutôt positif et capable de porter un œil bienveillant sur mes semblables, et sur le vaste monde. Et puis une journaliste du magazine *Marie-Claire* m'a tout récemment interviewé et j'ai découvert que beaucoup de haines et de détestations multiples m'habitaient. Cela m'a étonné, amusé et, tout de même, un peu inquiété.

Comme j'y réfléchissais, j'ai compris que mes pensées, mon cœur, et même d'autres parties de ma personne, abritent deux grandes sortes de haines.

Tout d'abord *les grandes haines lyriques, idéalistes,* qui habitent mon histoire depuis toujours, me semble-t-il :

- la haine des violeurs et de tous ceux qui maltraitent l'enfance ;
- la haine des bourreaux, des sadiques ;
- la haine des hommes politiques corrompus ;
- la haine des pervers qui tirent du plaisir de la souffrance d'autrui ;
- la haine des enseignants incompétents, obtus, imbus de leurs connaissances au point qu'ils sont sourds à tout ce qui pourrait être écoute, accueil, disponibilité ou reconnaissance d'un savoir ou d'une valeur différents des leurs ;
- la haine aussi des enseignants sadiques (haine qui vient de loin dans mon enfance !).

Et puis il existe toutes les petites haines tenaces qui à la fois dynamisent mon existence mais sont *énergétivores* au sens où elles consomment une énergie considérable en me plongant dans un état d'indignation quasi permanent. Ainsi :

- Je hais les toilettes sales.
- Je déteste les crottes de chiens sur les trottoirs des villes ou dans les sentiers fleuris.
- Je hais les papiers gras laissés par les touristes aux abords des chemins que j'aime, en Luberon et ailleurs.
- Je trouve les œillets sinistres et bêtes.
- Je hais la mauvaise foi et surtout ceux qui ne tiennent pas leurs engagements.
- Je hais ceux qui abîment les livres que je leur prête.
- Je hais les mauvais couchers de soleil. J'aime quand le soleil tombe d'un seul coup vers l'autre côté du monde…
- Je hais les metteurs en scène qui sévissent au Festival d'Avignon depuis quelques années. Ils se masturbent en public, en s'appuyant sur un ego dithyrambique cautionnant des mises en scène abominablement ennuyeuses, tout cela au détriment de notre volonté !
- Je hais les compagnies d'aviation qui nous transforment en bétail parqué, compté, estampillé dans d'immenses bétaillères que l'on appelle un *vol long courrier* !
- Ah ! je hais les camionneurs qui font la grève en barrant les routes, qui me prennent en otage et limitent ma liberté de circuler… au moment où j'en ai le plus besoin !
- Je hais le chien du voisin qui aboie sans arrêt, mais je devrais peut-être haïr plutôt le voisin !

J'en arrive parfois à haïr mon impuissance à changer le monde, à ne pouvoir faire passer ce qui me tient le plus à cœur : qu'on enseigne un jour la communication non violente à l'école…

Je sais aussi que je me hais beaucoup, quand je hais trop… les autres !

Ma grand-mère disait que « la haine n'est que de l'amour blessé ou trahi ». Je ne savais pas que tant d'amours blessées ou trahies m'habitaient encore !

Il y a ceux qui travaillent pour ceux qui sont en vacances…

Afin que les vacances se déroulent harmonieusement et paisiblement pour tous ceux qui les prennent, encore faut-il que l'intendance soit assurée. Aussi, chaque année, dans mon pays, des dizaines de milliers de personnes, jeunes et moins jeunes, n'auront pas de vacances pour contribuer au plaisir et à la détente de ceux qui en prennent.

Bonne humeur et gentillesse sont des qualités appréciées. Mais il arrive parfois que les maladresses, les exigences, l'inconscience de ceux qui sont en vacances mettent à rude épreuve la sensibilité des serveurs, bousculent ou blessent la disponibilité des hôteliers, soient une agression à la bonne volonté des plagistes et à l'enthousiasme des animateurs de loisirs, entament fortement la patience des caissières du supermarché qui borde la plage ou dessert le camping, ou découragent l'amabilité du boulanger qui parfois n'a plus de pain parce qu'il n'avait pas anticipé une arrivée si massive de touristes…

Dans mon village de Provence, chaque jour envahi par des milliers de voitures et de pullmans, médiatisé par la résidence secondaire ou principale de la maîtresse d'un président de la République ou la présence d'une star, les tensions s'accumulent parfois et rendent explosif tel coin du marché ou du mail à l'heure de l'apéritif… Des noms d'oiseaux viennent émailler des échanges qui devraient être plus courtois sous le soleil ou dans la langueur d'un soir d'été…

Ceux qui travaillent en vacances ont parfois le sentiment de faire des journées doubles. À leur temps de travail s'ajoutent les exigences et les demandes imprévues (toujours urgentes) de tous ceux qui sont en vacances !

Dans certains services hospitaliers, qui se trouvent à des endroits stratégiques de la route des vacances particulièrement meurtriers qui devraient conduire les vacanciers vers les plaisirs de la mer, tout le personnel est consigné aux mois de juillet et août afin d'assurer la sécurité et la prise en charge médicale de ceux qui passeront (car souvent trop pressés) le reste de leurs vacances... sur un lit d'hôpital.

J'adresse ici un petit clin d'œil amical à tous ceux qui travaillent et qui se dévouent, souvent avec beaucoup de générosité, pour favoriser la réussite des vacances de ceux qui en prennent.

« Je n'ai jamais pris de vacances de ma vie, ce n'est pas à quatre-vingt-douze ans que je vais commencer, je tiendrai jusqu'au bout... » ai-je entendu dire par le vieux monsieur qui me vend, depuis des années, au marché, les meilleures et les plus belles pommes que j'aie jamais mangées de ma vie.

Ceux qui n'ont pas de vacances

Les vacances ne sont pas un phénomène universel, loin s'en faut...

Beaucoup de gens, de par le monde, n'ont pas l'opportunité d'en prendre. Dans nos pays où règnent le confort et une prétendue abondance, nombreux sont ceux qui ne peuvent pas aller en vacances – tous ceux qui ne peuvent partir et s'extraire de leur quotidien car ils sont englués dans la survie ; et ceux qui doivent se contenter d'aspirer à moins d'injustice, de contraintes et de violences pour eux-mêmes ou leur famille ; ceux qui n'ont pas les moyens de s'offrir ce plus, qui ont trop d'incertitudes face à demain ou qui ont fait d'autres choix, ont d'autres priorités.

Tous ceux pour qui le mot *vacances* est synonyme de frustrations, d'envies, de regrets, ceux-là ne changent pas de rythme, ne font pas de projets parce qu'ils n'ont pas eu la possibilité d'économiser ne serait-ce que du temps pour se le donner et se l'offrir à eux seuls. Car c'est cela aussi les vacances, cette chance de pouvoir s'offrir du temps à soi, rien que pour soi, un temps qui ne dépend pas de la décision d'autrui !

Ceux qui ne partent pas en vacances accumulent plus de fatigue, voient plus d'usure s'inscrire dans leur corps, génèrent peut-être plus d'amertume et de ressentiment, mais aussi de rêves. Certains trouvent en effet les moyens de créer des bulles d'évasion, de se relier à des univers virtuels pour alimenter un temps hors du temps de la réalité, ou encore anticiper le futur : « Quand je prendrai ma retraite... »

Ma mère a connu ses premières vacances à soixante-quatre ans. Jusque-là, elle avait travaillé tous les jours, dimanche compris, ne sachant faire que cela. L'essentiel du temps de sa vie fut consommé par d'autres...

Et même quand elle aurait eu la possibilité de partir, de prendre justement un peu de temps pour elle, elle nous proposait à mon frère et à moi de garder nos enfants « pour que vous puissiez partir en vacances ». Et j'ai encore dans l'oreille cette phrase, cent fois entendue : « Mais partez donc en vacances, vous le méritez, vous en avez plus besoin que moi. » Elle devait penser que le travail intellectuel, *travailler avec sa tête,* comme elle disait, était plus fatigant que le travail manuel ! Travailler avec la tête représentait pour elle d'obscures menaces, des dangers pour la santé mentale, qu'il fallait prévenir ou éloigner en prenant des vacances.

Aujourd'hui encore, je garde une certaine réticence, une prudence, une ambivalence même à l'égard des vacances, comme si je n'y avais pas réellement droit...

Allons, quelques efforts encore, pour mieux les vivre, et je crois que sur la fin de ma vie, ce sera bon !

S'il en est qui doutent d'eux-mêmes, d'autres n'éprouvent pas l'ombre d'une inquiétude sur leur propre valeur. Ainsi Arthur Rubinstein qui affirmait : « Cent pianistes jouent mieux que moi. Mais je suis le plus grand. C'est injuste, mais c'est comme ça ! »

Hommes et femmes

Un homme ne verrait-il d'une femme que le désir qu'il en a ?

Se quitter le matin, se retrouver le soir

Deux moments clés rythment la vie d'un couple et d'une famille. Les instants qui précèdent la séparation du matin, juste avant de partir au travail ou à l'école, quand chacun se prépare, s'agite, bouscule les autres et parfois s'irrite de ne pas trouver sa clé de voiture, son cartable, son imper... Et les retrouvailles du soir, quand chacun rentre du travail plus ou moins fatigué, absorbé par des soucis ou des problèmes non résolus à son entreprise, ou au lycée.

Nous n'accordons pas assez d'attention à ces moments-là. Nous le devrions pourtant, si nous voulons nous dégager des pollutions et des malentendus provoqués par la séparation matinale, et nous préparer à nous retrouver avec bonheur, entiers et vivants, le soir venu.

Pour certains, la séparation du matin, même s'ils savent qu'ils retrouveront leurs proches en fin de journée ou au bout de quelques heures, est chargée de malaise, voire d'angoisse, car elle les renvoie à des séparations et à des pertes plus anciennes, plus archaïques, qui ont été mal vécues. Ce sont ceux-là qui vous disent au revoir à quatre reprises au moins ! Ceux-là qui s'accrochent et vous retiennent encore un peu, ce qui vous irrite car ils risquent de vous mettre vraiment en retard, tandis qu'eux ne voient dans votre empressement à partir que la confirmation de ce que vous ne tenez pas à eux ! Alors ils vous demandent pour la cinquième fois : « Tu penseras à moi, tu appelleras, tu n'oublieras pas de me faire un signe dans la journée ? ! »

Prendre le temps de se séparer, en étant réellement présent et non déjà, par anticipation, dans les embouteillages, me semble important et nécessaire pour la qualité de la relation de couple. Cela nous permettra, la journée durant, de rester habité par la présence bienveillante de l'autre en nous.

Le soir, au retour, prendre le temps de nous retrouver, de poser notre serviette, nos sacs, de libérer nos mains et notre tête pour rencontrer l'autre, celui (ou celle) avec lequel nous allons passer la soirée et partager l'intimité de la nuit, me paraît tout aussi essentiel. Il suffit parfois de peu : enlever notre manteau, nous laver les mains ou prendre une douche pour nous laver du *pas bon* du monde extérieur qui s'est déposé en nous et que nous avons engrangé malgré nous. Cela nous rend disponible à l'accueil de l'autre, à la rencontre.

La qualité d'une soirée, celle d'un abandon amoureux, dépend beaucoup de la façon dont on se sera quittés et de la manière dont on se sera retrouvés. Parce que nous n'aurons pas été attentifs, prévenants ou disponibles à ces deux moments clés, nous risquons de saboter, d'une part une grande partie de notre disponibilité pour la journée à venir, et d'autre part la possibilité d'un échange ou d'un partage joyeux, à deux, durant la soirée qui suivra.

Prenons soin de bien quitter ceux que nous aimons, et accordons-nous le temps nécessaire pour les retrouver.

Le seul enjeu réel d'une relation proche est d'en sortir embelli et de pouvoir dire quelque chose comme : « J'ai donné et j'ai reçu, je peux donc garder en moi le meilleur de cette relation. »

Le féminin en nous, les hommes, le masculin en elles, les femmes

La plupart d'entre nous avons pris conscience qu'il existe une part de féminin dans l'homme et une part de masculin dans la femme. La cohabitation ne se fait pas toujours dans la bonne entente ! Parfois, les deux parties s'harmonisent, d'autres fois elles s'affrontent. Dans l'esprit de certains hommes, le féminin est associé à la vulnérabilité, à une sensibilité plus importante aux émotions, à une plus grande ouverture à la tendresse. Mais nombre d'entre eux confondent sensibilité et sensiblerie, tendresse et faiblesse, abandon et laisser-aller, ce qui les conduit à minimiser leur part de féminin, à la rejeter, voire à la nier. Ainsi combattent-ils les élans de tendresse et les soupirs d'abandon avec beaucoup d'acharnement. Les qualificatifs qu'ils utilisent montrent bien tous les a priori qu'ils entretiennent à propos du féminin : « Je ne suis pas une lopette ! », « Je vais leur montrer que j'en ai, moi… » Des croyances sont fortement ancrées dans l'imaginaire de certains : « Un homme qui pleure n'est pas un homme », « Les émotions, il faut les maîtriser ou les cacher ».

Il en est de même pour une partie des femmes, qui tendent à rejeter le masculin qu'elles portent en elles parce qu'il est synonyme de trop de virilité, d'affirmation machiste ou d'insensibilité.

Pourtant, reconnaître et accueillir sa partie dominante tout en se réconciliant avec le pôle opposé qui vit en chacun de nous semble aujourd'hui de plus en plus acceptable et même souhaitable. Le plus étonnant est que les femmes manifestent une attirance de plus en plus grande pour la féminitude qui s'exprime chez... de plus en plus d'hommes ! Féminitude plus affirmée qui permet à ces derniers de lâcher prise quant à leurs outrances masculines, souvent liées aux rôles qu'ils doivent endosser tant sur le plan familial que social et professionnel.

Si chacun (homme ou femme) pouvait accepter ses deux polarités, cela contribuerait à améliorer son propre équilibre ainsi que sa relation aux autres. Favoriser la cohabitation avec les pôles opposés de la personnalité de l'autre est toujours un enrichissement, surtout quand le masculin de l'un peut s'entendre et coopérer avec le masculin de l'autre, et que le féminin de l'un peut s'accorder avec le féminin de l'autre !

J'ai mis longtemps à accepter le féminin en moi. J'y suis parvenu grâce à la rencontre avec la partie masculine d'une femme qui m'était proche. Cette transformation a été bénéfique, me semble-t-il, pour chacun de nous, à ce moment-là de notre relation. Liberté d'être, partage plus profond et plénitude, attitudes réactionnelles moins nombreuses et davantage de dialogue dans les échanges intimes nous ont alors permis de mieux nous accorder...

À la rencontre subtile de ton être, je vais au plus profond de moi. Quel cadeau, mon amour !

Les femmes « tout terrain »

Dans l'univers des familles les mères font beaucoup de choses. Surtout celles qui exercent une profession à l'extérieur, qui ont ainsi des journées triples : vie familiale chargée, notamment si elles ont plusieurs enfants, vie professionnelle bien remplie et vie personnelle et conjugale difficile, souvent sur le fil du rasoir, voire à la dérive. Malgré cela, certaines se sentent obligées d'avoir l'œil à tout, de tout faire : « Sans moi, je ne sais pas ce qu'ils deviendraient ! » *Ils,* ce sont *tous* ces autres pour lesquels elles perçoivent, anticipent, réparent, préparent, assurent le suivi d'un quotidien aux multiples facettes – en un mot, pensent à tout.

À l'adresse de leurs enfants : « J'ai mis dans ton cartable ton argent pour la sortie scolaire, mais vérifie que j'ai mis le bon montant, que je ne me suis pas trompée. J'ai aussi ciré tes chaussures et je t'ai préparé tes affaires de sport. Ah ! je n'ai pas oublié ton médicament qui est dans la poche intérieure de ton manteau. » Et bien d'autres choses encore ! Elles sont si attentives, si vigilantes aux désirs et aux besoins de leur entourage qu'elles oublient de vivre pour elles-mêmes.

À l'intention du mari, des proches : « Je t'ai repassé trois chemises car je ne savais pas laquelle tu souhaiterais mettre. Et j'ai pris un rendez-vous pour toi chez le dentiste. Je t'ai laissé un mot à l'intérieur de ta trousse de toilette pour te rappeler d'appeler ta mère, c'est son anniversaire après-demain et tu sais combien c'est important pour elle. »

Malgré tout ce qu'elles font avec célérité, avec une compétence et un dévouement extraordinaires, elles doutent quand même à la fois de leur « savoir-faire » et de leur « savoir-être » : « Est-ce que j'ai bien fait ? Sera-t-il content ? Peut-être que je n'aurais pas dû apporter son costume au nettoyage, qu'il aurait voulu le mettre ? Ah ! j'aurais dû téléphoner pour vérifier si les horaires du club de judo étaient bien ceux que j'avais notés. »

Ces femmes font beaucoup, elles vivifient l'atmosphère de la maison par leur attention, et cependant elles sont peu satisfaites d'elles-mêmes. Peut-être pourraient-elles s'interroger : quelles dettes ont-elles contractées ? envers qui ? et pour servir quelle image d'elles-mêmes ? À qui se sentent-elles symboliquement tenues de rembourser quelque chose pour s'obliger à tant de travail pour les autres, à tant de sacrifices vis-à-vis de leurs besoins personnels ? Avec qui sont-elles en rivalité pour vouloir toujours faire et mieux faire ? Quelle image d'elle-même nourrissent-elles, avec autant d'acharnement ? Quelles injonctions ont-elles reçues pour se dévouer et s'oublier ainsi ?

Certains enjeux sont bien sûr subtils et cachés. Une telle énergie dépensée dans le ménage et l'organisation de toute une maisonnée est nécessairement nourrie par des forces obscures qui trouvent la plupart du temps leur source dans l'enfance. Peut-être, au final, au travers de cet acharnement à faire pour les autres, certaines envoient-elles à leur entourage une demande cachée : « Après tout ce que je fais pour vous tous, j'espère que vous ne m'abandonnerez jamais », ou « Après tout ce que j'ai fait aujourd'hui, vous n'avez pas le droit de me demander quoi que ce soit de plus ! ». Nous pouvons pressentir là un non-dit autour de certains refus dans la relation sexuelle. Exploitation ménagère et sexualité ne font pas toujours bon ménage.

On ne naît pas femme, on le devient mais il n'est pas toujours possible de le rester !

« J'ai choisi de vivre seule... »

« À cinquante ans j'ai décidé de quitter mon mari et de vivre seule. Je ne voulais plus vivre dans la dépendance de ses désirs, ni être sous sa coupe. Je découvrais enfin que j'étais assez grande pour oser ma vie. » Nous avons là le témoignage d'une femme qui a choisi la solitude car elle y voit un mode d'existence moins contraignant que celui d'une vie en couple.

De plus en plus de femmes, semble-t-il, préfèrent l'aventure de la liberté individuelle aux risques d'une cohabitation qui se révèle quelquefois trop frustrante, voire aliénante pour elles. D'autres, par contre, déjà seules, découvrent qu'il est moins facile de vivre la solitude à cinquante-cinq ans qu'à trente-cinq ans. Comme si de nouveaux besoins émergeaient, comme si l'âge révélait plus d'incertitudes et éveillait un besoin de sécurité intime plus grand, le besoin d'une présence proche et bienveillante, à demeure.

Aujourd'hui, quelque 18 millions de Français, soit 10 millions de femmes et 8 millions d'hommes, vivent seuls. Pour cause de célibat choisi ou imposé, pour cause de divorce ou de veuvage, ces personnes vivent, pour l'essentiel de leurs relations, avec... elles-mêmes ! Certaines ont des regrets : « J'ai peur de devenir égoïste, j'éprouve un sentiment très fort d'inutilité, comme si je ne servais plus à rien. » D'autres s'investissent dans des activités associatives : clubs de lecture, de marche ou de danse, pour partager avec leurs semblables le meilleur d'elles-mêmes.

Paradoxalement, celui qui vit seul peut consacrer plus de temps à autrui et s'engager dans des actions humanitaires, lutter contre l'injustice, la faim dans le monde, œuvrer à résoudre des problèmes de santé ou de prévention sociale. Et il peut trouver dans cet engagement la possibilité de s'aimer, de se respecter tout en donnant un sens à sa vie.

La pire des solitudes n'est pas d'être seul, c'est de s'ennuyer en sa propre compagnie. Quand la solitude est imposée après une rupture, un décès, elle s'accompagne souvent d'un sentiment d'incomplétude et de manque. Mais quand la personne a pu se réconcilier avec elle-même, dépasser la blessure narcissique laissée par un sentiment d'abandon ou de trahison, elle peut commencer à apprendre à cohabiter avec elle-même et trouver de l'agrément à vivre en sa propre compagnie à temps plein, tel un *partenaire dynamique* pour l'homme ou la femme qu'il ou qu'elle est devenue.

De plus en plus de personnes seules, me semble-t-il, acceptent de l'être dans un mode de vie qu'elles ont créé à leur convenance et qui leur permet de se respecter à temps plein.

Souffrir le martyre, seul, semble parfois préférable à souffrir deux martyres... à deux.

Un célibataire est invité !

Si vous vivez dans un milieu un peu huppé ou *sélect* et que vous êtes invité à un repas, la maîtresse de maison aura à cœur de vous trouver un partenaire du sexe opposé pour équilibrer la table et vous donner l'occasion d'avoir un interlocuteur de l'autre sexe. Et même si vos hôtes ne sont pas très formalistes, ils savent qu'inviter un ou une célibataire n'est pas la même chose qu'inviter quelqu'un de récemment divorcé, par exemple. Une femme divorcée fait un peu peur. Elle se présente ou est perçue comme libre et indépendante. Si, deux ans après la séparation, elle vit toujours seule, c'est qu'elle est vraiment libre et suffisamment indépendante. Donc potentiellement attirante pour les hommes présents et dangereuse ou menaçante pour les femmes... de ces hommes.

Aussi, insensiblement, au fil du temps, les hommes seuls, et surtout les femmes seules, ne sont-ils plus invités que par d'autres célibataires. On leur prépare un dîner à la bonne franquette, un petit repas sympa, une soirée *branchée,* mais fini les soirées chez les couples d'amis où l'on était reçu, entouré, recherché.

Une amie me racontait qu'elle s'était inventé un amant grand voyageur international, ce qui expliquait son absence, à lui, et sa solitude, à elle. Cette fiction rassurait les hôtesses : en relation avec un autre homme, cette amie ne risquait pas de séduire le mari, ou ne serait pas tentée de défaire un couple *sans défense*.

Pour les repas ou les soirées familiales, il semble que les hommes seuls, j'ignore pourquoi, représentent une menace moins grande ! Il serait intéressant de savoir la raison de cette croyance !

Par contre, si vous êtes la personne qui invite et que vous êtes seul, il vous faudra la plupart du temps trouver un *ténor,* une tête d'affiche pour stimuler vos invités à venir : « Si vous êtes libre vendredi soir, je vous invite, il y aura un de mes amis qui revient de... » – là, il vous faut trouver le lieu magique qui focalisera l'attention... Leningrad, Tahiti, la Chine du Nord... l'Antarctique ! De toute façon, ce doit être quelqu'un qui doit avoir fait ou vu quelque chose d'exceptionnel ou d'atypique. S'il s'agit d'un auteur, vous risquerez quelque mise en garde : « Il nous parlera de son dernier livre, vous verrez, il est passionnant, mais attention, ne le contredisez pas trop, il supporte mal les critiques et je ne voudrais pas que la soirée soit gâchée... »

Il n'est pas toujours facile de continuer une vie sociale, quand on est seul après avoir été deux !

« Je ne suis pas toujours certain qu'une vie simple et tranquille m'aurait convenu, mais ça ne m'empêche pas de rêver. » Byron, mon frère, mon ami, écrivait cela voilà plus d'un siècle.

Leur souffrance – les hommes la taisent, les femmes en parlent

Il existe des différences manifestes entre les hommes et les femmes, d'autres sont moins apparentes mais tout aussi importantes. C'est ainsi que les hommes ont du mal à exprimer leurs émotions, ils éprouvent de la difficulté à parler de ce qu'ils ressentent et vivent intimement. Ils préfèrent donc s'en tenir à des généralités, faire des discours, ou parler des autres plutôt que d'eux-mêmes. Autrement dit, ils s'expriment davantage avec leur tête qu'avec leur cœur, de même qu'ils supportent mal ce qui se vit au niveau plus émotionnel.

Pour les femmes, il semble que ce soit l'inverse : elles n'hésitent pas à exprimer leurs émotions et leurs sentiments. Elles préfèrent ne pas garder en elles trop longtemps ce qui ne va pas, ce qui les gêne ou les interroge. Aussi, quand elles souffrent, quand elles sont mal à l'aise ou en difficulté, n'hésitent-elles pas à se faire aider, à rechercher quelqu'un à qui parler pour être entendues !

Ce décalage entre l'expression des hommes et celle des femmes a d'innombrables conséquences sur la vie amoureuse et la vie de couple, mais également sur l'éducation des enfants. Dans ce dernier cadre, les interventions des pères sont plus ponctuelles, plus réactionnelles, alors que celles des mères mettent le temps à profit, s'inscrivent dans la continuité et ont peut-être, pour cette raison, un impact plus profond.

Depuis quelques années cependant, il faut le souligner, les hommes apprennent à parler d'eux-mêmes, à partager le plus intime, le plus difficile. Ils prennent ainsi le risque de se dévoiler et d'accéder à leur vulnérabilité. Peut-on dire qu'ils découvrent leur féminitude ? En contrepoint, ils acceptent mieux de se faire aider, d'entreprendre une psychothérapie, de consulter, d'envisager un travail sur soi et surtout de prendre un peu de temps pour écouter le petit enfant qui, blessé ou étonné, les habite encore et les invite à se chercher.

C'est heureux pour les hommes ! Une telle attitude les rapproche du féminin qui est en eux et qui mérite lui aussi d'être entendu et reconnu !

Certains mots nous mettent en état de grâce,
Des mots qui nous permettent
de retrouver la verticalité,
Des mots qui nous font respirer
et nous rendent plus beaux.

Leur sexualité – les hommes s'en vantent, les femmes sont plus discrètes...

C'est une idée couramment admise, mais qui me semble de plus en plus erronée.

Les hommes qui parlent de leurs exploits, de leurs performances ou qui détaillent leurs pratiques sexuelles me paraissent plutôt rares aujourd'hui. Par contre, de plus en plus de femmes parlent entre elles avec humour, tendresse, et parfois même avec quelque cruauté des manques, des habitudes, des particularités érotiques de leurs partenaires actuels ou passés.

Mon point de vue est que la personne qui dévoile les détails de sa vie sexuelle à un tiers (à l'exception d'un thérapeute qu'elle paie pour l'écouter), ou dans un groupe d'amis, a une relation insatisfaisante, frustrante ou pénible. Une vie sexuelle réussie, qui comble chacun des partenaires, reste sous la protection d'une intimité protégée qui n'appartient qu'aux deux personnes concernées. Elle se manifeste extérieurement par une qualité d'échange, des attentions et mille petits signes qui circulent entre les deux êtres et révèlent justement qu'il se passe quelque chose entre eux... dont tous les autres sont exclus !

Un homme ou une femme qui se sent obligé de parler de son intimité sexuelle, sur le ton de l'anecdote, de la dérision ou de l'exploit, n'est pas encore entré, à mon avis, dans l'*intime de l'intimité*. Il arrive, bien sûr, que les femmes s'ouvrent, entre elles, à des confidences, parlent de leur vie ou de leurs pratiques sexuelles, mais c'est généralement sur le ton de l'interrogation, du doute, et au fil d'une recherche personnelle, la plupart du temps pleine de pudeur, et qui s'exprime de diverses manières : « Tu as du plaisir à chaque fois ? Parce que moi, il y a des fois où ça ne marche pas... », « Au début je n'aimais pas embrasser son sexe, aujourd'hui j'adore, je le trouve beau. Jamais je n'aurais cru que je puisse aimer cela ! », « Moi j'étais persuadée que c'était à lui de me donner du plaisir, alors j'attendais ! Et puis un matin j'ai découvert que c'était à moi de m'accorder du plaisir, de m'autoriser à en avoir et de lui en offrir ensuite à lui... Depuis, c'est la fête chaque fois... ou presque ! »

Dans ce domaine les femmes partagent, s'informent, s'éduquent mutuellement. Au contraire, les hommes n'apprennent rien ou très peu les uns des autres, c'est pour cela qu'ils ont beaucoup à découvrir.

Ce sont les corps dans leur abandon
et leur désir, non les mots,
qui disent la véritable promesse de l'amour.

Saint Valentin… faites des amoureux !

Il paraît que Valentin, ce prêtre du IIIe siècle qui fut martyrisé à Rome, est le patron des amoureux. Il fut emprisonné pour avoir marié deux amants malgré l'interdit de l'empereur Claude II, dit le Cruel. Celui-ci, ayant beaucoup de difficultés à trouver des soldats pour ses multiples campagnes militaires, avait interdit les mariages. Plein de sagacité, il avait en effet remarqué que les hommes mariés ne faisaient pas de bons soldats ! La légende rapporte que Valentin fit ensuite retrouver la vue à Julia, la fille de son geôlier. Et qu'après ce miracle toute la famille de ce dernier se convertit à la foi chrétienne. Devant le refus de Valentin de renier son Dieu, l'empereur Claude II le condamna à mort. Valentin fut décapité sur la voie Flaminienne, tout près de Rome, le 14 février 268. On ajoute que Julia, la miraculée, fit planter un amandier sur sa tombe. Cet arbre est devenu aujourd'hui le symbole de l'amour et de l'amitié. Il fleurit en Provence, au mois de février.

Il me semble que les amoureux ont besoin d'un saint patron : car si devenir amoureux ou *être en amour* reste encore quelque chose de possible, être réciproquement amoureux se révèle de plus en plus rare.

Aimer, se sentir en résonance, en harmonie avec un être qui réponde, s'engage, se situe sur une même longueur d'onde ou de sensibilité que soi, ne semble pas facile. La culture de consommation dans laquelle nous vivons (j'allais écrire « nous vivotons » !) semble y être pour quelque chose. Nous avons de plus en plus l'air de *consommer* l'amour au gré d'une foultitude de rencontres, comme s'il s'agissait d'une denrée banale.

Quant à la Saint-Valentin, *fête des amoureux,* elle a été largement récupérée par la société marchande. Et le 14 février est devenu une occasion de plus d'offrir ou de recevoir un objet, une fleur ou un présent matériel, plutôt qu'un moment propice pour dire son affection ou son attachement, donner une preuve de sa fidélité, témoigner de l'unicité de son sentiment ou de sa relation.

Je rêve d'une fête de l'amour où le *valentinage* deviendrait synonyme d'ouverture à l'amour. Une fête qui réunirait ceux qui se sentent une capacité d'aimer, c'est-à-dire qui s'aiment suffisamment pour ne pas dépendre de leur besoin d'être aimés et peuvent offrir, au-delà du sentiment, une présence, un engagement, une liberté d'être suffisamment consistants pour stimuler la générosité, l'abandon et la confiance de l'autre. Saint Valentin, *faites des amoureux* ! Si vous en avez le pouvoir, suscitez chez les femmes et les hommes cette appétence à l'ouverture, à la rencontre, à la découverte, pour s'accorder, cœur à cœur, non seulement à la fête des corps, mais aussi à celle des émotions, des sentiments et de l'engagement mutuel !

Une longue période de fiançailles précédait autrefois le mariage. Le valentinage ne pourrait-il aujourd'hui désigner à la fois le temps indéterminé qui précède les fiançailles, et le temps amoureux qu'il convient d'entretenir tout au long du mariage ? Cet espace fait d'interrogations et de recherches, d'approches, de fuites et d'errances, où se déposent des germes d'amour, où s'apprivoisent des sentiments, où s'initient des regards et des gestes nouveaux – un espace vieux comme le monde mais qui reste chaque fois à réinventer.

À t'aimer, te voir, te toucher, te respirer,
à simplement te rêver, la vie me monte à la tête.

Relation de rencontre et rencontre d'une relation

« Je suis pleine de gratitude envers la Vie pour les moments riches qu'elle m'offre. Les rencontres qui la traversent en font partie. Ainsi, la rencontre que j'ai faite dernièrement avec un homme rare. J'apprécie toute la richesse, tout le plaisir, tout le rêve dont cette rencontre est porteuse. J'apprécie tout ce que cela me donne comme possibilités de me découvrir, de m'épanouir… et je ne suis pas déçue.

« Pour moi, une rencontre est un moment dans lequel j'arrive en étant ouverte à *tous les possibles*… La possibilité de découvrir des émotions auxquelles je ne m'attendais pas, la possibilité d'éprouver un sentiment nouveau, la possibilité de laisser naître un désir. Parfois réapparaît le besoin d'entrer dans une relation plus *continue* avec la personne que je découvre, non pour *m'engager* ni pour *mettre en commun nos vies ou un lieu de vie,* mais pour me donner la possibilité de me découvrir plus, de me connaître, d'explorer, d'inventer…

« Pour moi, *rencontrer* quelqu'un c'est prendre le risque de renouveler la rencontre si elle a été positive et avancer vers l'immensité de l'inconnu. Comment peut-on rencontrer vraiment l'autre si on se met d'avance des limites ?

« J'ai conscience de mon désir de continuité dans un au-delà de la rencontre, de mon désir de m'engager avec la totalité de moi-même dans une relation. Je sais que ces désirs m'appartiennent et je prends soin de ne pas envahir l'autre avec des demandes ou des attentes trop pressantes, qui pourraient être pesantes pour lui. Tout dernièrement, mon ami m'a écrit pour me dire qu'il n'attendait pas la même chose que moi d'une relation. Lui veut rester dans la rencontre, sans engagement, sans projection sur l'avenir. J'ai tenu à lui exprimer ma différence.

« J'ai eu besoin aussi de lui dire comment je le *ressentais,* même si cela est délicat, difficile, périlleux car il n'aime pas que l'on pense ou que l'on parle de lui... J'ai ressenti de sa part une nécessité de vivre les relations personnelles comme des *visites* : des temps de rencontres riches, qui vous nourrissent suffisamment pour que vous vous sentiez ensuite bien entre les rencontres. Je dis *visites,* en reliant prudemment son mode de relation à la relation pleine et riche, mais en pointillés, qu'il semble avoir eue avec sa mère lorsque celle-ci, atteinte d'une maladie grave, a dû vivre éloignée de lui durant six ans.

« Je pense que l'on peut vivre des relations autrement qu'en pointillés sans se sentir enfermé, et tout en continuant à se respecter soi-même... Qu'en pensez-vous ? »

Je partage et je rejoins totalement le point de vue de cette femme qui m'écrit avec la confiance inouïe de ceux qui savent qu'ils seront entendus. Il faut à la fois beaucoup de liberté en soi et une grande sécurité intérieure pour vivre des relations de rencontre qui ne proposent rien d'autre au départ que le plaisir d'être ensemble. Cela se gâte parfois, quand des sentiments s'en mêlent, quand se réveille le rêve d'une acceptation inconditionnelle, d'un partage total, d'un engagement pour baliser l'avenir. En matière de relations intimes, il n'y a pas de modèles, pas de références, il n'y a que des expériences heureuses ou malheureuses. La littérature ignore ou feint d'ignorer que de telles rencontres fondées sur un vécu au présent, sur le seul partage de l'instant, existent, sont possibles. Il appartient à chacun de les découvrir et de tenter de les vivre dans le dépassement de soi qu'elles supposent.

Il est des rencontres qui s'inventent au jour le jour, pour transformer chaque instant en parcelle d'éternité.

Aimer sans perdre la raison...

« Plus je vieillis plus je me sens jeune », me disait cette amie à l'aube de ce printemps. « Bien sûr je sens mon corps se modifier, vieillir, dans le sens où je me sens moins tonique. Active, dynamique, je le suis et même plus que jamais. En fait, j'aurais besoin de journées de soixante-douze heures pour épuiser quelques-uns de mes possibles, pour être totalement ce que je suis, pour réaliser tous mes désirs ou projets... »

J'apprécie beaucoup la clairvoyance, la lucidité de cette personne, et je crois que j'ai percé en partie le mystère de sa jeunesse réelle, trouvé le moteur de sa vitalité quand, à plus de soixante ans, elle manifeste un incroyable enthousiasme pour la vie.

Elle est aimante, non pas seulement amoureuse, mais *en amour* avec un homme qu'elle connaît depuis des années et qui ne semble pas, lui, être à son égard sur le même registre. Non qu'il ne l'aime pas ou qu'il se laisse aimer, mais il est engagé au loin dans des actions humanitaires qui le mobilisent à temps complet.

Pour cette femme, aimer constitue un état de complétude qui ne laisse aucune place ni au manque, à la douleur ou au regret, ni à l'absence, à la peur de la rupture ou d'un oubli de la part de l'autre. Elle semble aimer, elle aime, avec une telle foi, une telle intensité, que la présence de cet amour en elle est consistante, palpable, visible. « J'ai un tel bonheur à aimer que je suis comblée. Tout ce qui me vient de lui en plus est cadeau... Mon amour m'habite à plein temps », dit-elle avec une grande simplicité.

Et ceux qui la connaissent, quand elle dit « mon amour », entendent bien qu'il ne s'agit pas là de l'objet de son amour, cet homme qui vit au loin, mais bien de ses sentiments rassemblés en une entité distincte avec laquelle elle dialogue, échange, rit, danse, chante ou pleure. Le *nourrissement* de cet amour ne vient pas de l'autre, mais d'une énergie suscitée, développée par la seule présence de l'amour au plus profond de son être. Nous pouvons ainsi imaginer en elle toute une alchimie puissante de vie, produite par les souvenirs de ce qu'elle a vécu, la trace de la présence de l'autre, les vibrations intérieures liées à celui qu'elle aime, la chaleur, la force de ses désirs. Et que les attentes, les aspirations de cette femme soient comblées ou non, cela ne semble diminuer en rien son propre engagement : « Ce n'est pas envers lui que je me sens le plus engagée, même si je suis prête à tout lui donner, c'est envers mon amour. Et je ne vis pas cet amour en termes d'obligations, de manques, de devoirs ou de contraintes, mais dans la pleine acceptation de sa présence en moi. Dans la reconnaissance, la gratitude que j'éprouve envers mes sentiments, la parole de mon cœur, les murmures de mes sens, la vibration de mes désirs... »

Je ne sais comment il conviendrait de nommer un tel amour, peut-être tout simplement *aimance*.

« L'amour, ça te serre le cœur comme un étau et ça te le déchire, crac... Après ça saigne, ça saigne toute une vie », disait Raymond Queneau. Pas toujours quand même !

L'étrange séduction de l'anormalité

J'appelle anormalité tout ce qui se situe en dehors des normes habituellement acceptées, connues et, la plupart du temps, nécessaires à la vie sociale. Nos magazines préférés, la radio, la télévision font chaque jour abondamment état de faits divers (« dépassant l'imagination », comme on se plaît à le souligner) dont certains devraient nous interroger à plusieurs titres.

Ces faits divers devraient d'abord nous questionner non pas sur l'élément qui les a déclenchés, mais sur la nature profonde, l'origine de certains comportements : comment tel individu a-t-il pu torturer, sadiser, violer, tuer avec autant d'acharnement ? D'où tel autre tient-il son habileté à profiter des contradictions ou des lacunes du système judiciaire pour récidiver ?

De tels faits devraient aussi nous interroger sur les attitudes de la société qui oscille entre laxisme et punition, entre mise à l'écart et protection, entre compréhension et fermeté.

Ils devraient enfin nous interpeller quand ils concernent le comportement de certaines personnes manifestement très attirées par la personnalité atypique de celui qui a commis des actes d'une violence et d'une perversité inouïes. Je découvre ainsi, en lisant *Le Soir,* grand quotidien belge, que Marc Dutroux, accusé d'avoir violé, torturé, tué plusieurs enfants et emmuré vivantes deux jeunes filles qu'on a retrouvées mortes, que ce personnage de cauchemar a tout un *fan-club* qui lui envoie gâteries, cadeaux et argent pour améliorer son ordinaire à la prison où il est incarcéré, en attendant son jugement. Très sollicité, il fait l'objet de déclarations d'amour, de propositions de mariage et de maternages divers !

Un autre meurtrier, qui a tué sa femme, ses deux enfants et ses deux parents en l'espace de deux jours, suscite aussi beaucoup d'intérêt chez des femmes, qui l'assurent de leur amour et de leur soutien matériel.

Je me sens démuni. Je ne sais à quoi attribuer cet intérêt pour l'anormalité. Je le trouve malsain, comme le goût de certains pour l'étrange, l'inacceptable, l'innommable.

J'entends bien que derrière toutes les horreurs commises, il y a une femme, un homme, le plus souvent un être de chair et de rêve, qui a été un enfant avec une histoire, qui aspire à être entendu, compris, aimé malgré tout ce qu'il a pu faire, malgré ce qu'il a pu commettre de répréhensible ou d'horrible.

Ce qui m'interroge, c'est la dimension sensuelle, sexuelle voire érotique qui sous-tend les sollicitations, les pressions exercées, l'insistance suspecte pour pouvoir rencontrer, toucher, prendre en charge celui qui a posé des actes défiant l'humanitude…

« Même à ses contradictions il faut savoir imposer une limite. »

Philippe Roth

Des hommes qui pleurent

Homme politique très engagé, il fut le maire d'une ville importante, député, il occupa diverses fonctions clés, mais au bout de quelques années il semble qu'il se soit laissé contaminer par les toxines du pouvoir au point de s'engager dans quelques malversations dont la justice fut saisie. Ainsi dut-il s'enfuir en Argentine pour échapper aux sanctions prises à son encontre. Mais le mal du pays le saisit et il rentra en France pour se constituer prisonnier. Dès son retour il fut condamné à quatre ans de prison, dont deux avec sursis pour abus de biens sociaux et complicité de faux en écriture.

À sa sortie de prison, il écrivit un livre[1]. Dès les premières pages, il nous parle de ces longues heures passées en cellule, où, renvoyés à leur solitude, les hommes ne peuvent empêcher la tristesse de les assaillir et de faire progressivement s'effondrer le mur de leurs défenses psychologiques. L'homme le plus robuste, confronté à ce moment de vérité où il est envahi par une tristesse noire qui l'empêche même de rêver, où son cœur est recouvert d'une émotion qui l'étouffe, se sent alors jeté à terre… « Ils ont tous pleuré, au moins une fois », écrit l'auteur.

Seuls le plus souvent, quelquefois (plus rarement) en public, mais toujours dans un abandon pathétique qui laisse remonter à la surface tout le désarroi d'une vie. Ils pleurent sur eux-mêmes, autour de ce sentiment ténu et tenace d'avoir laissé passer quelque chose d'essentiel, avant, dans

1. Jean-Michel Boucheron, *Carnets de prison*, Paris, éditions Arléa, 2001.

leurs vies d'hommes libres, au moment où des choix étaient possibles.

Qu'est-ce qui les rend si fragiles, ces intermédiaires qui ont joué de leur pouvoir politique, ces caïds de la fausse facture, du chantage, des combines financières et des pots de vin qui ont entouré (trop souvent) les opérations immobilières et les grands travaux (parfois inutiles) qu'ils ont encouragés, eux qui étaient indifférents, ou se sont montrés impitoyables envers les problèmes et les soucis des autres ?

En prison, ils vont vivre l'équivalent d'une révolution intime s'accompagnant du goût amer des rêves blessés et les confrontant à l'absurdité implacable de leur situation. Cela s'appelle un retour sur soi, une *re-visitation* de sa vie. Ces hommes la mènent en faisant des temps d'arrêt à chaque croisement de la route de leur passé où une alternative s'est présentée, où ils auraient pu intervenir et faire un autre choix… Cet autre choix qui, justement, n'a pas été fait.

Quelquefois aussi, ces hommes pleurent avec la rage au ventre, la violence tétanisée au bout des mains, la haine au cœur contre tous les autres, contre la société, la justice, l'administration pénitentiaire. Mais ils savent, tout au fond d'eux-mêmes, qu'ils sont surtout en colère contre cette part d'eux-mêmes qui n'a su résister aux facilités du pouvoir, à l'illusion de la puissance, aux dérives de la facilité.

Les hommes qui pleurent ne sont pas tous sur le chemin de la rédemption, beaucoup, beaucoup de travail sera encore à faire pour qu'ils puissent se réconcilier avec eux-mêmes. Si pleurer c'est en quelque sorte se laver de l'intérieur, il en faut plus pour être propre à nouveau. Cela dépendra de tout le travail de conscientisation et de réconciliation avec soi-même qui sera à l'œuvre par la suite…

La part secrète des possibles, qui navigue en chacun, n'est pas toujours accordée aux choix de vie manifestés et multiples qui nous habitent.

Les hommes battus existent !

Bien sûr, ils sont moins nombreux, et de loin, que les femmes battues. Pourtant, les chiffres étonnent et paraissent gonflés : entre 200 000 et 400 000 en France chaque année ! Les hommes cachent mieux cette situation que les femmes, car ils n'osent pas le dire. Au-delà de l'humiliation d'être violentés par une femme qu'ils aiment, à laquelle ils ne veulent pas faire de mal et qu'ils ne songent pas à quitter, ils ont honte d'eux-mêmes, et surtout de leur épouse.

Ils restent dans une double croyance : celle que s'ils sont battus, c'est peut-être leur faute, parce qu'ils ont déçu ou qu'ils ne se montrent pas assez prévenants, et celle que l'autre va les comprendre, prendre conscience de la violence de son comportement et, à partir de là, changer. C'est ce que ces hommes espèrent.

Voici le témoignage qu'un homme battu m'a adressé récemment : « Depuis vingt-six ans que nous sommes mariés, j'ai toujours caché cela. Je vous écris sous un faux nom, surtout ne me répondez pas, car je crains que ma femme ne découvre que je me suis confié à quelqu'un. Je me libère, ce faisant, d'un fardeau. Le dire me fait du bien. Le paradoxe de tout cela, c'est que ma femme se considère comme une victime. Elle me tape dessus, en criant qu'elle regrette de m'avoir épousé, que j'ai gâché sa vie, que sans moi, elle se serait construit une autre existence. Elle me fait ainsi payer, je le crois profondément, son propre choix et sa propre faiblesse de ne pouvoir me quitter. C'est surtout quand je ne suis pas de son avis qu'elle explose et devient violente. Elle est capable de tous les excès, de casser des objets auxquels je tiens, de déchirer mes vêtements et de me frapper, chaque fois qu'elle le peut, quand je suis là. Devant elle je me sens faible, car je l'aime : je n'ose ni me défendre, ni me soustraire aux coups... »

Je rapporte ce témoignage pour montrer qu'au-delà des apparences, existent des souffrances secrètes, qu'au-delà du rapport de force physique, qui n'est généralement pas favorable à la femme, certaines femmes sont capables de violence. Il ne s'agit pas ici d'une violence qui répond à une violence subie, mais d'une violence exprimée pour punir, dévaloriser, blesser physiquement et moralement l'autre. Une violence qui cherche à faire la preuve de quelque chose. La femme semble dire : « M'aimeras-tu encore si je suis insupportable et méchante ? »

On peut aussi se demander qui cette femme frappe vraiment. Quelle dette, quelle réparation fait-elle payer à cet homme qui accepte, lui, de subir ce qui lui est imposé et surtout de rester dans une relation où il ne peut se respecter ?

La question de la violence que chacun porte en soi et qui s'exprime parfois par des coups reste une interrogation centrale pour tous ceux qui s'intéressent aux relations humaines et croient en l'harmonie et en une possible réciprocité entre les êtres, dans le partage du meilleur de soi et de l'autre.

Ce n'est ni avec des regrets
ni avec du ressentiment ou de la nostalgie
que l'on peut panser ses blessures.

Les meurtres psychologiques

Il existe des meurtres psychologiques, mais bien qu'ils détruisent moralement la personne, ils demeurent la plupart du temps impunis.

Ainsi, une femme qui se sent bafouée par le départ de son mari avec une autre peut utiliser ses enfants en accusant son mari d'attouchements ou d'abus sexuels. La femme accuse, le mari nie, les enfants sont déchirés, la justice tranche parfois. Mais quelle que soit l'issue, les dégâts sont immenses. Si le père est blanchi de l'accusation, on dit qu'il ne s'est rien passé ! Chacun repart, soi-disant libre ! Personne ne s'inquiète des conséquences ! Cependant, il y a eu abus. Inciter un enfant à accuser injustement un parent est terrible. L'utiliser comme une arme pour blesser son ancien conjoint ou éliminer celui-ci de la relation parentale est un meurtre psychologique. Il s'agit d'une forme de maltraitance grave, qui laisse des séquelles profondes chez l'homme, chez les enfants, et qui confronte la mère à sa propre folie destructrice.

J'ai rencontré certains de ces hommes. Leur témoignage est pathétique et leur vie reste un enfer pendant des années après les événements : « J'avais le sentiment de devenir fou de rage, je voulais détruire cette femme. Je ne pouvais admettre que ma fille crû vraiment ce qu'elle disait devant l'assistante sociale, devant le juge... J'étais déchiré entre la tentation de hurler, de frapper et celle d'essayer de comprendre, avec un tout petit espoir : que la vérité éclaterait, qu'ils n'allaient pas me croire capable de ça, de seulement penser que je pouvais abuser de mes propres enfants ! La vérité a fini par éclater, indiqua cet homme, mais quelque chose avait durablement détruit ma vie ! »

Un autre d'ajouter : « Depuis la fin de cette histoire, ma fille se sent coupable. Elle ne sait plus quoi faire pour se faire pardonner. C'est insupportable, comme un acide qui continue ses dégâts et taraude notre relation. » Ces situations extrêmes, mais de plus en plus fréquentes (les avocats et les juges commencent à en témoigner), traduisent une inégalité entre l'homme et la femme, qui ne fait l'objet d'aucun ajustement. Tout se passe comme si la mère pouvait accuser impunément. Son unique risque est que *ça ne marche pas*... !

Il faut reconnaître que le parent accusateur a souvent lui-même été victime d'abus dans son enfance. Sa hantise est que son enfant connaisse le même sort. Dans ces circonstances, la mère ne ment pas toujours délibérément, son attitude ne relève pas d'une volonté de nuire mais plutôt d'un déplacement inconscient de son angoisse sur son enfant et, par contrecoup, sur son ancien conjoint : elle tente de régler avec cet homme-là ce qu'elle n'a pu régler, enfant, avec son père.

Il faut aussi souligner que certaines mères se réveillent, sortent de l'aveuglement et découvrent un jour l'insupportable, l'irréparable d'une relation incestueuse réelle entre leur mari et leur enfant, et qu'elles se débattent alors entre culpabilité et désespoir...

Mais même si les mères qui accusent sont souvent de bonne foi, elles devraient demeurer attentives, respectueuses et vigilantes, car il y a des mots qui tuent !

Si le silence des mots réveille la violence des maux, la violence des mots n'évite pas celle des maux.

« Ton père vient encore me visiter... »

Cette femme de quarante-huit ans a été extrêmement surprise lorsque sa mère de quatre-vingt-deux ans lui a confié, au cours d'un séjour de vacances en sa compagnie : « Tu sais, malgré son âge, ton père vient encore me visiter de temps en temps. » Cette femme ajouta : « J'étais stupéfaite, j'imaginais que mes parents, qui faisaient chambre à part depuis plusieurs années, n'avaient plus aucune activité sexuelle entre eux. La confidence de ma mère et surtout sa liberté à me le dire de façon aussi pudique m'ont fait du bien. Savoir cela, c'est comme si elle m'avait rassurée sur le devenir de ma propre vie sexuelle. »

De nombreux couples âgés ont une vie sexuelle réduite, par manque d'appétence, disparition du désir, ou encore par pudeur face aux altérations du corps. D'autres, sur ce plan, poursuivent des échanges et des partages réguliers jusqu'à un âge avancé. La vie sexuelle est présente en chacun, sous des formes différentes, jusqu'au terme de la vie. Ce qui est défaillant parfois, c'est le désir. Certains hommes, après quelques *pannes,* se découragent et renoncent. Leur partenaire, par pudeur ou compassion, n'ose insister. Ainsi s'installe un ralentissement, puis très vite, des absences et des carences dans la rencontre et la fête des corps.

Peut-être faudrait-il rappeler que la vie sexuelle peut ne pas s'enfermer ou être limitée aux organes génitaux, mais qu'elle peut se vivre et s'épanouir sur bien d'autres registres. Le corps est un continent aux ressources immenses. Certains couples, dépassant leurs inhibitions, acceptent d'innover, d'inventer des gestes et des jeux sexuels, des approches différentes pour aller vers des découvertes inattendues. Notre corps est notre compagnon le plus fidèle et ses ressources sont infinies quand nous acceptons de le respecter avec ses limites et ses possibles. La rencontre sexuelle est un partage à deux qui peut devenir, à l'occasion, un feu d'artifice pour chacun.

Yvan Audouard, qui fut pendant quarante-cinq ans l'un des chroniqueurs les plus célèbres du *Canard Enchaîné,* avec qui j'échangeais sur le sujet, m'a rappelé en souriant : « Il y a deux grandes dépressions dans la vie d'un homme : la première, c'est quand pour la première fois il n'y a pas de... deuxième fois. La seconde, la plus grave, c'est quand pour la deuxième fois, il n'y a pas eu de... première fois ! »

Souhaitons à tous les hommes d'aller au-delà de ces deux... dépressions, qui peuvent n'être que passagères !

Vieillir est vraiment ennuyeux, mais c'est le seul moyen que nous ayons trouvé pour faire durer la vie – le plus longtemps possible...

Amours de vacances

Le temps des vacances semble propice à l'éclosion d'amours légères, porteuses de plaisirs fugitifs ou plus durables. Amours qui ne sont pas toujours au pluriel, mais qui s'inscrivent dans un espace hors du temps qui leur donne une fragilité, une spécificité unique. Je ne veux pas parler ici de la *drague* que j'ai déjà évoquée, mais de l'émoi amoureux, éveillé, stimulé par la présence d'une passante, la douceur de certains soirs, l'alanguissement de certains après-midi entre sable, ciel et eau...

Le temps des vacances est un temps de rencontres amoureuses. Si certaines amours dites *de vacances* se révèlent éphémères, ne durent qu'un été, il en est d'autres qui s'inscriront plus durablement, soit dans la réalité sociale au travers d'une relation de couple, soit dans l'intimité du cœur, en laissant une trace profonde joyeuse ou nostalgique.

En vacances nous avons tendance à proposer, à montrer le bon côté de notre personne, une sorte d'image de bien-être, de gaieté ou d'anticonformisme. La présence d'amis, d'un groupe, le support d'une activité pratiquée en commun sont autant d'éléments favorisant la rencontre réelle que d'écrans à la personnalité profonde qui restera à découvrir en dehors des vacances !

Les amours de vacances se cherchent et se découvrent dans le plaisir, la fantaisie, une certaine liberté d'être... Elles auront à se construire, si elles se poursuivent, en prise directe avec une réalité parfois moins ensoleillée, plus terre à terre. Et à se confronter à des enjeux plus contraignants, à une désidéalisation de l'autre ou au renoncement à un rêve de vie éclos et porté durant le temps d'un été.

Au-delà de la rencontre, qui peut être éblouissante, émerveillée et pleine d'abandon, peuvent se créer des attachements, des attentes mutuelles ou non, susceptibles de s'inscrire dans un rêve de durée.

Dans le temps rond et lumineux des premières rencontres germent et s'engrangent les printemps à venir.

Et nos enfants…

Les enfants sont notre part d'éternité qu'il nous appartient de cultiver à dose homéopathique, je veux dire par là sans abus ni laxisme.

Nos enfants, nous les aimons, mais il nous arrive de les détester… parfois !

En quelques décennies quelque chose d'important semble s'être modifié dans l'inconscient des parents vis-à-vis de leurs enfants. Autrefois, les enfants étaient considérés comme un don du ciel, et le plus souvent comme une richesse. Plus on en avait, mieux c'était, car ils pouvaient contribuer à la survie, à l'entretien ou à l'agrandissement du patrimoine.

Actuellement, un enfant coûte plus de 100 000 euros sur une période de vingt ans ! L'équivalent d'une résidence secondaire ! Je crois que cela n'est pas sans conséquence sur la nature ambivalente et souvent conflictuelle des relations que les parents ont aujourd'hui avec leurs enfants. Nous les aimons, nous leur donnons beaucoup – mais en même temps, nombre de parents attendent symboliquement une *restitution* (je mets le terme en italiques…) de leur mise de fonds. Mise de fonds affective « Je t'ai donné beaucoup d'amour », mise de fonds relationnelle « Je me suis sacrifié pour toi, j'ai passé l'essentiel de mon temps à m'occuper de toi », mise de fonds matérielle « J'ai tout fait pour toi », mise de fonds financière « Avec tout ce que tu nous as coûté, on aurait pu avoir une vie tranquille, sans problèmes ».

Énoncer les choses ainsi peut choquer. Pourtant, tout se passe comme si les parents attendaient inconsciemment, au travers de la réussite scolaire, sociale, sportive de leurs enfants une rentabilisation visible de leur investissement !

Ils attendent que leurs enfants non seulement travaillent à « temps plein » comme écoliers, mais aussi qu'ils réussissent et obtiennent des résultats ; qu'ils remboursent en quelque sorte, par leur application, l'investissement qui a été fait sur leur avenir ! Parallèlement, on demande de moins en moins aux enfants de participer aux tâches ménagères et aux petits actes de la vie quotidienne pour soulager l'un ou l'autre des parents, car l'exigence d'une réussite scolaire et plus tard professionnelle est au cœur même de la préoccupation des adultes.

L'ambivalence des parents les entraîne, me semble-t-il, à des conduites paradoxales. Ainsi peuvent-ils être amenés à combler les désirs de leurs enfants avant même que ceux-ci ne les énoncent, alors qu'ils oublient par ailleurs de répondre aux besoins élémentaires de sécurité, de présence, de cohérence et de continuité qu'éprouvent les enfants dans les soins et le soutien qui leur sont prodigués. Ce faisant, les parents entretiennent, d'une certaine façon, la dépendance des enfants à leur égard, certains enfants restant trop longtemps dans l'illusion que tout leur est dû sans contrepartie, sans limitation dans le temps et l'espace. Tout se passe comme si, en réponse à la pression qui s'exerce sur eux, les enfants mettaient en place des mécanismes de fuite, de résistance, d'assistanat ou de victimisation qui enferment les parents dans encore plus d'apport, de soutien, de prise en charge…

Il serait important que les parents prennent clairement conscience de leur ambivalence et s'en dégagent, ainsi que des effets contradictoires qu'elle produit, car elle empoisonne en profondeur et durablement la relation qu'ils ont avec leurs enfants.

Selon le principe de Bertil il faut d'abord donner et ensuite laisser prendre, à défaut de quoi nous ne permettons pas à l'autre de trouver et de développer par lui-même ses propres ressources.

Quels messages transmettons-nous, malgré nous, à nos enfants ?

Comme parents, il nous arrive de menacer nos enfants, de brandir au-dessus de leur tête un châtiment, une punition, l'annonce d'une catastrophe : « Si tu ne travailles pas mieux en classe, je te mets en pension », « Si tu n'es pas sage, je te renvoie à ton père, il saura te dresser, lui ! », « Si tu fais toujours autant de fautes en français, jamais tu n'auras ton bac ! ».

Mais le plus souvent, soit nous leur transmettons des désirs impérieux tels que « Je voudrais que tu aimes jouer du piano », soit nous leur insufflons des peurs qui traduisent notre propre désarroi et nos angoisses : « Attention, tu vas te faire écraser ! », « Si tu ne te méfies pas, tu vas avoir mal au ventre », « Tu vas encore te couper un doigt, laisse donc ce couteau tranquille », « Arrête de bousculer ta sœur, tu ne connais pas ta force, tu vas encore lui faire mal ! ».

Les questions que se posent beaucoup de parents tournent autour de ce dilemme : « Comment puis-je intervenir auprès de mon enfant pour l'empêcher de faire n'importe quoi, sans le bloquer ou le traumatiser pour autant, et en me donnant toutes les chances d'obtenir un résultat ? » Je crois que la meilleure façon est d'intervenir de manière personnalisée, c'est-à-dire de parler à l'enfant de ce que nous ressentons, de nos sentiments, de notre expérience vécue, sans tenter de le culpabiliser ou de le rendre responsable de nos états d'âme : « Je me sens démuni face à tes résultats scolaires. Il m'arrive parfois de songer à chercher une pension où te placer... Je dis cela quand mon anxiété est trop grande... » Nous pouvons aussi lui faire part de nos interrogations : « Je ne suis que ta mère. Je sens bien qu'il manque la présence, la parole, l'intervention d'un homme. Je me demande si tu ne serais pas mieux en étant plus souvent avec ton père », ou l'informer plutôt que de lui transmettre nos peurs : « Ce chocolat est très chaud », « Je préfère que tu traverses la rue au passage piétons », « La lame de ce couteau me paraît très coupante ».

Nous devrions aussi choisir d'exprimer nos désirs plutôt que de nous centrer sur les peurs qu'ils suscitent : « Quand je te dis que j'ai peur que tu redoubles, je pense surtout à mon désir que tu passes dans la classe supérieure », ou « Quand je dis que j'ai peur de la drogue, j'essaie surtout de te dire mon désir que tu n'en prennes pas ».

Tout dialogue avec eux devrait s'appuyer sur nos désirs plutôt que sur nos peurs, sans toutefois confondre un désir *vers* l'autre (plutôt stimulant) et un désir *sur* l'autre (plutôt aliénant !).

Peut-être nous faudrait-il vingt vies pour accomplir une vie digne de ce nom, au lieu de l'ornière inconfortable tracée entre nos peurs et nos désirs !

Nous adressons parfois des messages pervers...

« Marion, je t'ai appris des dizaines de fois à ne pas mélanger le blanc et la couleur dans la machine à laver... Tu n'entends jamais rien ! », « Françoise ! décidément tu ne t'améliores pas, tu as toujours un caractère de chien... », « Jeannot, je t'ai demandé cent fois de ranger tes affaires, je ne suis quand même pas ta bonne ! » Et ceci se répète à peu près trois cents fois par mois ! Cette mère rouspète en ramassant tout ce qui traîne dans l'appartement ou la maison : le manteau, les chaussures, l'écharpe, le cartable, pour les ranger à leur place. Trente ans plus tard, Jeannot est devenu Jean et sa femme lui dit d'un ton excédé, mais déjà résigné : « Mais enfin Jean, je ne suis pas ta bonne quand même, tu pourrais faire un effort, ce n'est pas difficile de ranger tes affaires en rentrant, regarde tout le temps que tu perds à chercher ce qui te manque ! ». Et dix ans plus tard, la femme du même Jean, devenue mère à son tour, d'un petit Éric, sera surprise de s'entendre répéter : « Éric, je t'ai demandé cent fois de ne pas laisser traîner tes affaires, tu pourrais quand même faire un petit effort ! »

Le cycle peut se poursuivre ainsi sur plusieurs générations et entraîner des répétitions qui structureront une bonne partie des relations futures entre hommes et femmes à venir ! Les mères, face à leurs fils, sont à la fois trop puissantes (intrusives, envahissantes, contrôlantes) et trop soumises à leurs désirs car elles surévaluent et surprotègent souvent ces mêmes fils.

« Maman, je veux une glace.

— Non, tu en as déjà eu une.

— Maman, une autre glace !

— Je t'ai déjà dit non.

— Maman, une glace...

— Arrête de m'embêter, tu sais bien que l'on mange dans un quart d'heure.

— Maman...

— Ça suffit, tu m'agaces à la fin !

— Maman, juste une !

— Bon, d'accord mais c'est la dernière ! »

Cette petite séquence, réaliste, illustre comment, chez beaucoup d'hommes, s'inscrit la croyance selon laquelle le désir est tout-puissant, et qu'il suffit d'insister pour rallier l'autre à sa demande ! Nous retrouvons cette dynamique dans la rencontre sexuelle. Tel homme, ne supportant pas l'absence de désir de sa partenaire, tente d'imposer son propre désir et de la stimuler malgré ses réticences, persuadé que son propre désir suffit à éveiller celui de l'autre. Il s'agit le plus souvent de l'un de ces ex-enfants que je viens de décrire, qui, ayant vu sa mère céder si souvent à ses demandes, est convaincu que par la seule puissance de son désir, il parviendra à soumettre sa compagne ou son environnement à ce qu'il souhaite.

Les systèmes relationnels implicites qui circulent entre mères et fils, surtout quand ils ne sont pas freinés ou temporisés par la présence d'un père, vont conditionner et régir la plupart des relations entre hommes et femmes. Mais bien sûr, je parle des autres... Ce n'est certainement pas le cas (j'aimerais en être sûr) des hommes (rares !) qui me lisent aujourd'hui...

Dans l'amour, nous découvrons souvent le petit enfant qui nous habite, nous rencontrons aussi celui qui vit en l'autre. Cela alimente beaucoup de relations maternantes et... trop infantilisantes.

Parents d'élèves, une activité à plein temps !

« Parents d'élèves » est une catégorie de parents très répandue de nos jours, et cependant relativement récente. Ma mère, brave femme simple, dont le désir le plus constant a été « de maintenir ses enfants aux études pour qu'ils aient une place dans la société, pour qu'ils deviennent quelqu'un », n'a jamais été parent d'élève. Après ma première inscription à l'école maternelle, elle n'a, à ma connaissance, jamais mis les pieds dans l'une ou l'autre école que nous fréquentions mon frère et moi. Elle rencontrait l'instituteur chez le boucher ou le boulanger, le saluait poliment. Ni l'un ni l'autre n'aurait commis l'impolitesse, l'une de parler de l'un de ses fils, l'autre de l'un de ses élèves. Chacun, à cette époque, aurait pu dire : « Restons à notre place, on ne fait pas le même travail... À chacun son métier, les cochons sont bien gardés ! »

Aujourd'hui, la réussite scolaire étant planifiée – n'entend-on pas dire que « 80 % des enfants doivent aller jusqu'au bac » –, les parents sont mobilisés très tôt et doivent s'investir dans le travail scolaire de leurs enfants. On prétend les consulter, on leur demande leur avis, on s'attend qu'ils participent à la réussite de leur progéniture, mais on les sollicite dans des conditions si infantilisantes que les réunions dites de parents d'élèves tiennent souvent de la caricature ; elles illustrent ce que j'appelle la pseudo-démocratie. Fait amusant mais significatif : on fait asseoir des adultes sur les sièges occupés quelques heures avant par leurs enfants, sièges sur lesquels ils ont d'ailleurs beaucoup de mal à placer leurs jambes, pendant que le corps enseignant, lui, est confortablement installé sur l'estrade et des sièges pour adultes !

Les enseignants attendent beaucoup des parents, ils sollicitent leur concours, souhaitent leur soutien, exigent d'eux vigilance, fermeté, collaboration. Mais ils se montrent souvent pleins de reproches, de critiques, de jugements de valeur à propos de ce qu'ils considèrent comme un manque d'autorité, du laisser-aller ou de l'inconsistance de la part des parents.

Les parents d'élèves, quant à eux, sont parfois remplis de préventions, d'accusations et de reproches vis-à-vis des enseignants d'aujourd'hui. Selon eux, ces derniers ne savent pas se faire respecter, ne demandent pas assez (ou trop) de devoirs, laissent tout faire dans leurs classes…

Les malentendus sont fréquents, chroniques, sous-tendus par l'espoir que l'année suivante, en changeant de classe ou d'établissement, les uns trouveront, c'est sûr, des parents prêts à collaborer et compréhensifs, les autres, c'est certain, des enseignants compétents et pleins d'autorité.

Je n'irais pas jusqu'à dire que malgré les parents… les enfants arrivent à s'en sortir plutôt bien, mais je n'hésiterais pas à confirmer que j'ai beaucoup grandi avec les miens !

« Je suis racketté »

« Je suis racketté depuis le début de l'année scolaire. Je dois verser au grand frère d'un plus grand que moi cinq euros par semaine, la totalité de mon argent de poche. Et même si les enseignants de mon collège ont lancé l'opération Racket et Mat en nous incitant à parler, moi je ne peux rien dire. Autour de mon école, le racket est partout. Il y a des petits, en sixième, qui versent un euro tous les lundis ou qui donnent leur paire de tennis, leurs cahiers tout neufs. La semaine où mes parents n'avaient pas eu assez de monnaie pour me donner mon argent de poche, j'ai volé vingt euros à ma grand-mère en passant la voir avant de partir au collège... »

Cet enfant de treize ans, qui m'écrit sans indiquer ni son nom ni son adresse, s'exprime à propos d'une situation qui lui paraît sans issue pour l'instant. Sa dernière phrase laisse cependant un peu d'espoir : « Quand je serai plus grand, je saurai me défendre ! »

Il ne sait pas, semble-t-il, que contre la violence du racket, il n'y a qu'une seule issue : sortir du silence. Sortir du silence ne veut pas dire accuser ou dénoncer : cela, beaucoup d'enfants et d'adolescents ne le supportent pas. Cela veut dire affirmer, publiquement, en pleine classe : « Je ne veux plus payer, je ne veux pas commencer ma vie en étant exploité, pressuré. Même si je suis dans un rapport de force qui ne m'est pas favorable. »

L'opération Racket et Mat, développée dans quelques collèges, est en général conduite par un policier et un enseignant.

Ces derniers projettent un film vidéo pour que s'engage la discussion sur l'attitude à adopter face aux exigences, aux menaces ou à la violence liées au racket. S'ensuivent une discussion, des échanges et parfois la proposition de jouer une pièce de théâtre tirée d'une nouvelle, qui traite du racket et de la violence endémique régnant à l'école. Le rôle du professeur sera interprété par un élève. Les parents seront invités à la représentation. La démarche consiste à briser la loi du silence, à modifier les rapports de force entre le racketté et le racketteur, à confronter ce dernier avec la loi. L'opération bute généralement quand il s'agit de dénoncer, de mettre fin à l'influence des auteurs de tels agissements : « Je ne veux pas cafarder », « Je ne veux pas être une balance », « Je ne veux pas être du côté des flics », se défendent les jeunes.

Le racket fait partie d'un tissu de violences, d'un climat propre à un environnement donné. S'y ajoutent, entre autres, le développement grandissant de l'incommunication entre enfants et adultes, la pression exercée pour donner la priorité à la consommation et, beaucoup plus graves, les viols collectifs ou individuels. « À quoi ça sert d'en parler ! De toute façon les adultes ne comprennent pas », « Le fric, y a que ça qui compte, quand t'en as pas, t'es rien ».

On ne se bat plus, comme à l'époque de ma jeunesse, pour avoir la paix. On l'achète, on la vend, on la troque contre une sécurité provisoire et précaire...

Un jour, le courage, plus courageux que
l'habitude, décide de frapper
à la porte de la peur :
« Qui est là ? demande la peur.
C'est le courage, répond le courage.
Entrez ! » dit la peur.
Le courage ouvre la porte,
derrière il n'y a personne...

« Toi, tu grattes l'amitié ! »

Les enfants sont parfois terribles et sans pitié, quelquefois même terrifiants... avec les autres enfants. En début d'année scolaire, il leur arrive de s'affubler les uns les autres de surnoms, d'étiquettes ou de qualificatifs qui peuvent les suivre tout au long de leur parcours scolaire. Mon patronyme a été l'occasion de nombreuses tentations de déformations, « sale-mec » étant la moins originale, ou « salo-mais... » avec des points de suspension permettant d'imaginer n'importe quoi et faisant bien rire ceux qui y pensaient ! « Rase-motte » qualifiait l'un dont la taille était un peu juste, « blaireau » celui qui était au courant de tout, « tue-mouche » un autre qui sentait fort l'ail. « Puceau », « fils de bourge », ou « trou-du-cul » étaient autant d'autres noms susceptibles de devenir, pour celui qui les portait, une étiquette durable.

Un jour, debout dans le coin du préau où se tenaient les caïds et les petits chefs, j'ai entendu cette phrase terrible qui fit monter de l'eau dans les yeux de celui à qui elle était destinée : « Oh toi, tu grattes l'amitié ! » Cela voulait dire tu mendies, tu grattes à la porte de chacun pour te faire un copain, pour récolter un peu d'amitié. Cette phrase était terrifiante parce qu'elle interdisait aux autres, sous peine de passer pour des moins que rien, la possibilité d'ouvrir la porte, de s'intéresser, d'envisager de donner leur amitié à celui qui *grattait* et qui avait tant besoin d'attention, de présence ! Celui qui grattait l'amitié était voué à la solitude, à la marginalisation. Tel un paria, il devait rester à la périphérie de tout jeu ou de toute discussion. Quand il s'approchait de l'un ou de l'autre, celui-ci s'éloignait, l'ignorait volontairement. Quand il se dirigeait vers un groupe qui discutait, un mur de dos des plus opaques, des plus fermés, l'empêchait d'entrer dans l'échange. Quand il offrait une confiserie, une part de son goûter, celui qui la prenait la reniflait, puis jetait ostensiblement le cadeau comme s'il était sans valeur et sans intérêt. Personne dans la cour de récréation ne l'aurait ramassé.

Je ne sais ce qu'est devenu celui qui avait tant besoin de l'amitié, de l'acceptation, de l'accueil des autres. Je peux espérer qu'il ne s'est pas trop fait « marcher sur le ventre » pour l'obtenir par la suite, ou qu'il ne s'est pas blindé et enfermé dans une forteresse d'indifférence ou des conduites d'autoprivation.

Je me désintéresse de celui qui a lancé : « Oh ! toi, tu grattes l'amitié ! » Son destin de faiseur de surnoms et de *défaiseur* de vies lui appartient. Peut-être est-il très entouré d'amis aussi profonds que lui – entendons profonds au sens de creux !

Il faut un obstacle nouveau pour un savoir nouveau. Veille périodiquement à élever de nouveaux obstacles afin d'exercer ton intelligence à inventer de nouvelles parades.

Les taggeurs – des Petit Poucet modernes ?

Depuis deux décennies, ils fleurissent partout : en ville, à la campagne, dans les cités, dans les villages. Ils désolent les uns, ravissent les autres. Ils courent le long des autoroutes, s'élèvent parfois très haut sur les façades aveugles des immeubles, au gré des toits amicaux à même d'accueillir ces équilibristes, ces forcenés de la bombe à peinture que sont les taggeurs.

Les tags sont semblables à des cris qui disent l'impatience, la révolte, le défi, l'affirmation d'un territoire, la confirmation d'un exploit. Mais un tag, c'est aussi une manifestation cruelle qui saccage l'harmonie assoupie de vieilles pierres, qui défigure la devanture ancienne d'un marchand d'antiquités ou la vitrine trop neuve d'un salon de coiffure, qui détruit l'équilibre d'une façade.

Avec son tag, le jeune propose sa signature, voire l'impose quand le tag fait toute la longueur d'un mur, d'un pont, d'un aqueduc. Fresque moderne où chaque espace coloré exprime un besoin d'affirmation, de reconnaissance et d'anti ou de non-conformisme. Les tags sont un art risqué (grimper le plus haut possible, dans les endroits les plus imprévus), un art coûteux (les bombes de peinture sont chères), méticuleux (il faut du soin pour organiser tout un décor, le déroulement d'une fresque...), et leurs débordements parfois intempestifs demandent une attention vigilante.

Le taggeur, pour des enjeux connus de lui seul, œuvre en solitaire. Il a tout au plus besoin d'un ou de deux assistants faisant le guet. Il laisse sa marque, impérieuse, sorte d'éjaculation à répétition dans laquelle il décharge des tensions. Il est prolifique, un peu trop répétitif, quasi inépuisable partout où il trouve un espace.

Celui-là signait PYB. Seuls les initiés et son père qui l'avaient vu s'entraîner avec des crayons de couleur pour construire et décliner, en des sortes de calligraphies compliquées, ces trois lettres labyrinthiques, savaient qu'il s'agissait de Pierre-Yves B... Les parents de Pierre-Yves étaient séparés depuis quelque temps. Pierre-Yves vivait chez sa mère, mais ne manquait aucun week-end, aucun jour de vacances, réglementairement partagés, pour aller en visite chez son père. C'est ce dernier qui remarqua, un soir, toujours sur le même côté du trottoir, le logo PYB.

Le premier tag commençait à quelques mètres de l'arrêt du bus conduisant chez la mère de Pierre-Yves, le dernier à quelques centimètres de l'immeuble de son père. Petits cailloux blancs déposés par un Petit Poucet moderne, pour maintenir un lien, indiquer une direction, protéger, peut-être, un espoir de réconciliation entre ses parents ! Un tag qui disait son désir, sa colère, son impuissance...

« Écrire, c'est parler aux yeux. »
Aphorisme chinois

Sitting Bull

Ce chef indien très célèbre fut l'un de mes héros préférés durant toute mon enfance. À un âge où je ne savais pas encore qu'il était non seulement un guerrier et un chef redouté, mais aussi un *homme-médecine,* un des grands sages de la nation Sioux, j'aimais cet homme pour la rigueur et la cohérence de ses actes.

Sitting Bull disait que l'éducation d'un enfant indien devait reposer sur cinq valeurs à transmettre et à honorer : la bravoure, le courage, la sagesse, le respect de la nature et la loyauté.

Dans la culture judéo-chrétienne qui fut la mienne, les dix commandements de l'Ancien Testament et quelques préceptes tirés des Évangiles formaient la base des valeurs que parents et éducateurs, durant des générations, tentèrent de transmettre aux enfants. Aujourd'hui se produit un effritement, un émiettement, allant parfois jusqu'au rejet de la plupart des valeurs morales et religieuses qui, soit sont méconnues, soit paraissent dépassées et inutiles. Cela n'empêche pas les enfants d'être toujours à la recherche de valeurs et de références car ils en ont besoin pour vivre et grandir, qu'ils les adoptent ou s'y opposent, voire les transgressent. Or, la carence familiale et sociale est telle, qu'ils sont tentés de s'approprier les valeurs et les codes de sous-groupes tels ceux du clan ou du « caïd » de leur quartier, ou ceux qu'offrent la télévision et ses héros du moment...

De fait, pour les adolescents, il devient de plus en plus rare de pouvoir s'identifier aux valeurs incarnées par les adultes de leur entourage : elles leur paraissent peu fiables et sans cohérence, surtout lorsqu'ils comparent les paroles et les actions de ces adultes. Comment transmettre des valeurs aussi essentielles et vitales que la tolérance, le respect de la vie et de la nature, la compassion, la solidarité, le prix de la parole donnée, la recherche de la vérité quand dans le monde qui nous entoure ces valeurs ne sont pas respectées, voire sont bafouées ?

Une valeur ne peut se transmettre que si elle s'incarne dans la réalité qui nous entoure, nous semblons la découvrir avec étonnement, quand elle est vivifiée par une mise en pratique au quotidien. Peut-être serait-il aujourd'hui souhaitable de revoir et d'actualiser les dix grands commandements ou de les compléter par quelques autres. Des personnalités l'ont fait dans les *Écrits de l'image*, à l'occasion du passage au troisième millénaire. Je me permets de les rappeler : « Tu ne tueras pas en mon nom, l'enfant tu respecteras, tu ne diffameras pas, l'autre tu respecteras, la mémoire tu transmettras, la science tu ne détourneras pas, l'équilibre tu retrouveras, les poisons tu refuseras, l'injustice tu combattras, responsable tu seras. »

Entre les valeurs transmises à un enfant indien voilà un siècle et demi et celles qu'il serait souhaitable de transmettre aux enfants d'aujourd'hui existent toutes sortes de discordances propres à un monde qui se cherche.

« On n'est rien, mais c'est sur ce rien que tout se bâtit. »
Yvan Amar

Deux jeunes se sont tués en voiture...

Ils étaient cinq, deux devant, trois derrière. Serrés, mais heureux d'être ensemble. Ils rentraient du bal. Ils avaient dansé, beaucoup, dragué aussi, « bu pas mal mais pas trop », purent affirmer ceux qui survécurent. Ils étaient fatigués et désireux de rentrer chez eux le plus tôt possible pour se reposer, dormir. Il était quatre heures du matin et déjà dimanche. Endormissement au volant, inattention due à un micro sommeil, légèreté ou faute de conduite, je ne le sais, l'enquête n'a rien pu mettre en évidence.

Quand la voiture quitta la route, ils riaient encore, croyant à un jeu nouveau. Deux sont morts : le conducteur, âgé de dix-huit ans, le passager de droite, de dix-sept ans. Les autres, sans aucune blessure, sont tétanisés, incrédules, perdus. Ils sont sur la photo du journal quelques minutes après l'accident.

La mort brutale d'un ami, celle d'un proche nous fait soudain prendre conscience de la fragilité de la vie. Une vie n'est pas seulement vulnérable, elle peut aussi être brisée et s'avérer irréparable à jamais. C'est d'ailleurs cette fragilité de l'existence qui la rend précieuse et recherchée au moment où elle se dérobe. La vie mérite d'être protégée, honorée, respectée. Elle mérite d'être vécue à temps plein, *à pleine vie,* avec enthousiasme, tendresse et amour.

Il nous arrive souvent de la bafouer, de la maltraiter, de ne pas lui donner toutes les occasions d'être belle, paisible et pleine de tous ses possibles. Nous la croyons inépuisable, increvable, incassable, et quand nous sommes jeunes, nous l'imaginons éternelle, disponible pour toujours et d'une patience infinie devant nos maltraitances, nos errances, nos excès.

Si chacun d'entre nous peut prendre conscience de tout cela, chacun ne devrait-il pas s'engager vis-à-vis de la parcelle de vie qui lui a été donnée en cadeau au moment de sa conception ? Cette parcelle de vie qui a été nourrie, soignée, entretenue par ses parents et qu'il lui appartient de prendre en charge, de magnifier, de vivifier au long de sa vie d'adulte. Être adulte, c'est peut-être cela : accepter pleinement de prendre sa vie en charge, et ne la confier à d'autres qu'*a minima,* mais pour l'essentiel ne se fier qu'au meilleur de soi-même.

Il me semble que le sens profond de notre passage sur terre consiste non seulement à préserver la vie que nous avons reçue en dépôt, mais aussi à l'agrandir et à l'embellir pour laisser à l'univers plus de vie qu'il ne nous en a donné au moment même de notre conception.

Vivre est un plaisir qu'il n'est pas nécessaire de maltraiter à temps plein !

L'inceste ne doit pas être prescriptible

Je lis dans le quotidien *Libération* (quel beau nom c'est, pour un journal publiant un article sur l'inceste !) sous la plume de Catherine Perlmutter, que l'inceste présente beaucoup de points communs avec le crime contre l'humanité. Cette avocate accuse notre société de n'avoir pas compris la force, l'ampleur et l'impact dans la durée du processus de destruction que représente envers l'humanitude ce crime contre l'enfant qu'est un inceste. J'adhère à son point de vue. L'inceste devrait être imprescriptible. Cela donnerait tout le temps nécessaire à la reconnaissance de ce qui s'est passé, permettrait d'entendre les blessures qui sont encore présentes, de sortir du silence pour oser une mise en mots à l'adresse d'un proche, de quelqu'un qui écoute. Ce serait la première étape d'une différenciation.

Une seconde étape consisterait à mettre en mots ce qui s'est passé à l'intention du transgresseur, à prendre le risque d'une confrontation, éventuellement soutenue par la médiatisation d'un acte symbolique ou, pourquoi pas si cela est possible, l'ouverture d'une action légale qui puisse amener à reconnaître et à confirmer que ce n'est pas l'enfant qui est coupable, mais bien l'adulte. Qu'il y a bien eu, de la part de ce dernier, un comportement interdit, moralement une faute, pénalement un délit.

Les années ont une durée variable pour chacun. Après un inceste, un enfant perd ses repères. Qu'en est-il du lien parental ? Comment le nommer ? Comment sortir du leurre et ne plus se sentir prisonnier (attaché au sens fort du terme) par le silence sur le père, le grand-père, le familier qui a transgressé ?

L'inceste est une triple histoire, celle d'une transgression du lien parental, celle de la violence, de la déchirure imposée au corps d'un enfant, et celle de la confusion qui se crée entre les membres de la famille et conduit l'enfant à douter de la réalité des faits, l'entraînant à se perdre, à s'égarer entre culpabilité, angoisse et amour.

Devenu adulte, celui ou celle qui a vécu un inceste entretient souvent un processus de destruction en retournant contre lui la violence subie parce qu'il se sent mauvais et coupable de quelque chose qu'il ne comprend pas, dont il sait que « ce n'est pas bien », mais dont il pense trop souvent, bien à tort, que ce doit être sa faute si cela s'est passé ainsi !

L'enfant perd ses références autant du côté du père que de celui de la mère, que celle-ci ait été aveugle, ait toléré l'inceste car elle n'en n'avait pas conscience, ou se soit comportée de manière hyper-protectrice ou fusionnelle dans le refus de regarder en face le comportement de l'homme avec qui elle partage sa vie, en n'ayant pas su mieux différencier son mari du père de son enfant.

L'écoute, l'aide d'un tiers qui n'est pas pris dans la dynamique du clan familial (qu'il serait possible parfois d'appeler *clan de concentration,* tellement les collusions y sont fréquentes) est souvent nécessaire pour permettre à l'enfant ou à l'ex-enfant victime d'inceste (inces-tué) de se réconcilier avec son identité sexuelle. Cette aide peut lui permettre de rétablir des relations plus claires, plus gratifiantes et créatives avec les adultes hommes et femmes de sa vie présente et à venir.

En rendant l'inceste imprescriptible on le replace bien dans le contexte d'un crime contre l'humanitude de l'enfant.

Nous portons les cicatrices de nos blessures. À nous de les honorer car elles disent aussi que nous avons survécu et que cela nous a peut-être rendu plus fort ou plus lucide.

Les suicides d'enfants

Quand un enfant a décidé de mourir, qu'il met fin à ses jours, c'est un véritable choc pour la famille, un séisme pour l'entourage, une interrogation majeure pour chacun de ses proches. Au désespoir, à l'angoisse, à l'incompréhension succèdent la révolte, la colère, la culpabilité de ne pas avoir su entendre ou voir, de ne pas avoir pu prévenir ou anticiper, de n'avoir pu faire quelque chose pour empêcher l'irréparable.

Les errances, les non-dits, les peurs ou les malentendus qui poussent un enfant à se détruire sont mal connus. Une part de mystère, d'opacité subsiste toujours dans un tel acte.

Les enfants fonctionnent, j'aurais envie de dire « survivent », en pensant à certaines situations, grâce à leur imaginaire. Or, il arrive que cet imaginaire, surtout lorsque la réalité apparaît à l'enfant comme inacceptable, invivable, voire menaçante, introduise un immense décalage par rapport à cette réalité.

D'autres enfants, dans le monde adulte ou dans l'univers des camarades qu'ils côtoient, ont pu connaître des humiliations, des violences, des injustices qui ont profondément entamé leur confiance ou détruit leurs rêves, ou qui occultent leur avenir et le rendent inacceptable.

Un rejet de la vie, un négativisme qui ne laisserait aucune place à l'espoir, à l'intérêt de vivre a aussi pu se développer en eux, tel un germe pervers.

Un tel acte, un suicide d'enfant, reste une agression inouïe pour les parents et a des effets quasiment irréparables. Le père et la mère garderont longtemps ouverte une blessure que la vie réactivera régulièrement : au souvenir des gestes de leur enfant, lors d'anniversaires, quand s'imposent la nostalgie du passé et la mémoire du disparu.

Un enfant qui se tue détruit aussi les rêves que ses parents avaient déposés en lui et faits pour lui. Telle cette mère me disant : « J'avais tant rêvé qu'il me donnerait un jour un enfant, une petite fille que j'aurais élevée, pouponnée. » Ou ce père : « J'avais rêvé qu'il accompagnerait ma vieillesse, qu'on pourrait enfin discuter entre hommes, qu'on pourrait voyager ensemble… »

La mort d'un enfant est une injustice dans l'ordre du monde, mais le suicide de son propre enfant est une violence inacceptable infligée à la vie.

Les parents devront donc vivre avec une blessure à vif, jusqu'au moment où ils comprendront, peut-être, que la mort de leur enfant a bien résulté d'une décision que celui-ci avait prise, celle de mettre fin à ses jours, et que cette décision lui appartenait. Alors, ils comprendront peut-être aussi qu'ils ne devraient pas s'attribuer la responsabilité de cette mort en se culpabilisant et, ce faisant, en déposséder leur enfant. La possibilité de faire le deuil de l'enfant qui s'est donné la mort et d'assumer sa position de parent passe par la reconnaissance de la responsabilité de l'enfant : « C'est bien lui, et lui seul qui a mis fin à ses jours… »

Les parents ne devraient pas oublier que la décision de leur enfant était sans doute la seule qu'il ait pu prendre à propos de son existence, en fonction de la liberté qui était sienne à ce moment-là de sa vie.

Je suis persuadé que le sens de notre existence, de notre passage sur la terre, vise à agrandir, à donner plus de vie à la vie, il est donc malvenu de la maltraiter.

Mots d'enfants

Quentin a sept ans. Son petit copain préféré, Aurélien, a du chagrin, car ses parents divorcent. Les deux enfants parlent des changements qui vont surgir dans la vie d'Aurélien. Quentin, outré, dira ce soir-là à ses parents : « Mais qui c'est qui a bien pu inventer la *divorcisation* ? » Puis, très ferme, il ajoute : « Moi, je ne veux pas que vous vous *divorciasez*... Mais je ne veux pas non plus que vous vous battiez pour savoir chez qui j'irai. C'est simple. Moi, je reste avec maman parce qu'elle sait mieux s'occuper de moi le soir et le matin que toi, papa ! Toi, papa, comme tu sais mieux jouer avec moi, je viendrai te voir le dimanche pour que tu ne t'ennuies pas de moi ! » Quentin sait dire clairement et fermement ce qu'il veut et ce qu'il ne veut pas.

Laurence, six ans, dit à sa mamy Marthe : « Mamy, je t'adore !

— Tu veux dire que tu m'aimes, ma chérie !

— Non ! Plus que ça ! Je t'adore, c'est plus grand que je t'aime, c'est, comment te dire ?, c'est mieux que tout l'amour ! »

Yvon, qui écoute ses parents parler de leurs propres parents et qui entend dire que le grand-père était mort à la guerre à trente-cinq ans, s'exclame : « Ils mouraient jeunes, les vieux, avant ! »

Raphaël se promène avec son papa qui l'emmène toujours dans le port admirer les bateaux. Cette fois-là, la visite dure longtemps, le père confie à son fils : « Mon papa aussi m'emmenait voir les bateaux quand j'étais petit. » Et

Raphaël d'interroger : « Et toi aussi tu t'embêtais, sans rien dire, pour lui faire plaisir ? »

Cette mère disait souvent à son fils : « Avec toi, j'ai gagné le gros lot ! » Un jour, passant devant une publicité de la Loterie nationale affichée à la vitrine du bar voisin, l'enfant lit à haute voix : « Ce soir on gagne le gros lot ! » Il demande alors à sa mère : « Dis, maman, c'est ici que tu m'as gagné ? »

Les mots d'enfants émerveillent nos yeux et nos oreilles, caressent notre cœur, distillent un plaisir tendre dans un quotidien qui ne l'est pas toujours. Par leur légèreté joyeuse, ils permettent aux enfants d'apprivoiser quelques-unes des contradictions de leur quotidien. Aussi faut-il les accueillir, les garder pour pouvoir les rappeler quand nos enfants, devenus adultes, auront oublié la créativité merveilleuse qui nous faisait fondre d'émotion quand, avec eux, nous tâtonnions sur les chemins difficiles de la *parentalité*.

Enfant, je voulais bousculer, pousser le temps,
pour qu'il aille plus vite. Plus tard,
j'ai voulu l'agrandir, lui donner plus d'espace,
plus tard encore j'ai souhaité le ralentir,
l'inscrire dans la durée.

Mots d'enfants pour éveiller l'enfant qui sommeille en nous

Nous avons tous en tête des mots d'enfants qui nous ont émus, ravis ou fait sourire, rire et pleurer en même temps… Certains nous ont touchés plus profondément, bouleversés, dérangés, interpellés, parfois irrités. Mais tous, avec la même constance, nous ont ramenés plus près de ce « pays de notre enfance, le seul pays dont nous venons tous ». Ces mots ont la fraîcheur, la candeur d'une journée particulière dont le souvenir demeure. D'autres nous renvoient à la nostalgie et aux regrets d'un temps passé trop vite sur les années d'innocence. « Je veux pas manger du mazout, comme les mouettes de l'*Erika* », dit Julie en rejetant l'infime petit morceau de peau noire d'un poivron grillé. « Maman, si l'avion tombe, est-ce que les nuages vont le retenir ? » s'inquiète Frédéric. « Papa et moi on va se faire couper les cheveux chez le *barbouillé* », annonce, tout fier, Kevin.

Les enfants sont quelquefois plus directs et ne s'embarrassent pas de précautions oratoires : « Maman, c'est trop sale dans cette boucherie, il y a du sang partout, nous ne viendrons plus, hein ? », « Tu as vu le Monsieur, il dit que c'est un parapluie ! Il ne sait pas que ça s'appelle un parasol ? »

Il arrive même que leur logique nous mette en difficulté : « Pourquoi il est noir, le Monsieur… ? Pourquoi tu lui dis pas que c'est pas son pays ici ! Dis, Monsieur, si on te lave… tu deviens plus blanc ? » Et devant la réponse détendue de l'homme noir qui s'esclaffa en riant « Non, mon petit, je suis et je reste un Noir », la réaction enfantine fut spontanée : « Tu vois, Maman, ça tu me l'avais pas dit ! »

Agathe, cinq ans, vient s'asseoir près de sa mère et lui demande : « Dis, Maman, pourquoi quand je fais ''Ah'', que j'ouvre toute grande ma bouche, je vois une petite cloche qui se balance ?

— Ça s'appelle la luette, ma chérie. »

Agathe part alors en courant et appelle son frère : « Regarde, regarde, j'ai une alouette dans la bouche ! »

Quand les enfants découvrent quelques différences fondamentales entre eux et les autres, le questionnement, même imagé, est impitoyable : « Pourquoi t'es fendue à cet endroit-là ? demande Cédric en montrant, dans la glace de la salle de bains, le sexe de sa mère, qui c'est qui t'a fait mal ? », ou : « Maman, mes graines de vie, quand je fais pipi, je vais toutes les perdre parce qu'elles tombent dans le cabinet ? », ou encore : « Mamy, pourquoi tu te fais vieille ? Fais-toi jeune, sinon on pourra plus jouer ensemble ! », et : « Maman, Maman, je ne veux pas que tu vieillisses... Pour les anniversaires, tu prendras les cadeaux, mais je ne veux plus que tu souffles les bougies, c'est trop triste ! »

D'autres affirmations nous semblent étranges, car nous n'avons pas la clé pour en entendre le sens pourtant incroyablement réaliste : « Moi, quand je serai grande, je serai métro ! » Cette petite fille ne voulait être ni boulot ni dodo...

Les enfants, nous le savons, sont de grands réparateurs des blessures enfouies de leurs ascendants. Clotilde vient vers sa mère en dissimulant quelque chose derrière son dos. « Moi, je sais que, quand tu étais petite, tu n'avais pas de frère, ni de sœur. Alors je t'ai fait une petite sœur pour toi seule, regarde », et elle tend à sa mère une poupée faite de bouts de chiffons, en ajoutant : « Tu sais je l'ai prévenue, je lui ai dit que tu ne serais pas jalouse d'elle, qu'au contraire tu l'aimerais beaucoup ! »

L'amie qui m'a offert quelques-uns de ces mots recueillis auprès de ses enfants m'a fait un beau cadeau. Dans la lettre qui les accompagnait, elle écrivait aussi : « À ces mots d'enfants authentiques, puisés dans mon environnement familial, j'accorde une valeur immense. C'est pour cela que dès la naissance de mon fils, il y a trente ans, puis après celle de ma fille, j'ai voulu en garder la mémoire. Aussi les ai-je notés régulièrement en indiquant la date et en précisant le contexte ainsi que nos réactions sur un petit carnet que j'ai offert à chacun à l'occasion d'un anniversaire significatif (''Le carnet de mes mots !'' disent-ils). Ce fut une belle joie, pour moi de le leur donner, pour eux de le recevoir ! Ah ! leurs visages, leurs sourires, leurs étonnements, leurs éclats de rire ! ''Est-ce possible, maman ? J'ai vraiment dit cela ? Tu es sûre que c'est moi ?'' Du vrai bonheur. De la tendresse belle, toute ronde, toute chaude que nous nous offrons mutuellement… »

C'est pour cela, qu'à mon tour, j'invite tous les futurs papas et mamans ainsi que tous ceux et celles qui deviendront grands-parents, à noter les mots de leurs enfants. Offrez-vous le plaisir d'un joli petit carnet pour chacun d'eux. Gardez ainsi leurs premiers sourires, leurs premiers mots, leurs découvertes. C'est leur histoire, leur rencontre avec quelques-uns des mystères de la vie, leur ouverture aux étonnements de l'existence, leurs premiers pas dans l'univers des mots : « Je veux un zeuf », « Je te m'aide », « Moi, Papa, je te l'aime plus gros qu'un camion », « Non, Maman ne me réveille pas encore, j'ai pas fini mon rêve ! ».

Autant de souvenirs à conserver longtemps, puis à offrir à partir de la vingtième année... C'est du bon, du tout tendre. C'est un vrai cadeau. Pour vous, pour eux et surtout pour les années à venir...

Nous venons tous du pays de notre enfance, un pays dont les frontières bordent notre cœur.

Histoires simples

« Raconte-moi une histoire...
— Une histoire vraie ou une histoire inventée ?
— Une vraie histoire inventée !
— Alors tu veux que je te raconte la vie. »

Adrienne... une vie en attente

Elle avait toujours vécu au ralenti, à petits pas, à petit bruit. Elle économisait au jour le jour, pièce par pièce, sou par sou, elle engrangeait patiemment toutes les frustrations d'une existence de privations, et cela depuis le tout début de sa vie de femme.

Ainsi, en se limitant à la survie et en se privant de toute fantaisie, du *petit plus* qui donne du piment à la vie, de l'imprévisible qui illumine un moment et rend soudain le monde plus joyeux, elle avait traversé trois quarts de siècle.

Adrienne économisait. Non pas pour vivre mieux plus tard. Vivre mieux, elle ne savait pas comment ça pouvait être et elle n'avait pas d'espérance dans cette voie. Elle économisait pour ne pas *manquer* demain. La peur de manquer l'habitait depuis l'enfance. Manquer de quoi ? Elle qui avait si peu de besoins. « De tout », aurait-elle répondu si on lui avait posé la question. Cela aurait voulu dire : manquer de sécurité, de quiétude et peut-être de liberté, en risquant de trop dépendre des autres ! Pour ne pas risquer, un jour futur, de manquer un peu, elle avait eu besoin de se priver de l'essentiel à tout moment, au présent de chaque jour.

Elle est morte au début de la semaine, en une heure, d'un transport au cerveau, dit-on dans le quartier. Son cerveau s'est transporté dans l'au-delà ! Comme toutes ses économies étaient à la Caisse d'Épargne, comme elle n'a pas de descendants, de famille proche, c'est l'État qui va hériter. « Avec tout cet argent mis de côté (beaucoup, pensent les voisins), elle n'aurait manqué de rien. Elle aurait dû en profiter, avant... » Mais avant pour Adrienne c'était déjà trop tôt ! Sans doute, aurait-elle pu essayer, un peu, si elle avait su jouir de ce qu'elle avait. Mais pour ne pas manquer, elle s'est privée de tout.

En fait, *elle s'est privée de tout pour rien*. Si seulement elle avait pu lâcher un peu sa peur de manquer, elle n'aurait pas manqué sa vie. Le plus triste est peut-être cela : non pas sa mort soudaine, mais qu'elle soit passée à côté de sa vie, Adrienne.

La liberté d'être n'exige-t-elle pas que l'on se départie de la peur du manque ?

Se dépouiller de tous ses manques pour accéder à la liberté d'être.

Amoureux de sa souffrance…

Cet homme me disait combien sa vie avait basculé, dix ans plus tôt, quand sa femme, après quinze ans de mariage, avait pris la décision de « rompre l'alliance ». Je reprends ses termes car ils sont importants pour lui. Il ne m'a pas dit « Elle m'a quitté, elle est partie » ou « Elle est tombée amoureuse d'un autre » mais « Elle a rompu l'alliance ».

Et il ajouta : « Moi j'avais fait alliance avec cette femme contre ma famille qui ne voyait pas ce mariage d'un bon œil. Cette alliance m'engageait pour la vie et je croyais qu'il en était de même pour elle. Chaque jour, depuis, je repense à cette trahison incompréhensible. Il n'y a pas d'instant où je ne m'interroge, poursuivit-il. Pourquoi a-t-elle fait cela ? Je souffre de ne pas comprendre. Je ne souffre pas de son absence, je n'ai jamais imaginé que je pourrais revivre avec elle, même si elle me le demandait. Non, je souffre et c'est insupportable d'être passé à côté de quelque chose d'essentiel. Ne croyez pas, ajouta-t-il, que je pense à elle, je pense surtout à nous, à elle et moi comme un tout. Un tout devenu, depuis son départ, une béance. Je pense à cette faille insondable qu'il y a en moi. »

Et à ce moment-là, après un temps de silence, il prononça cette phrase étonnante : « Je crois que je suis amoureux de ma souffrance. Je lui consacre aujourd'hui l'essentiel de mon temps. Cette souffrance est devenue le sens de ma vie… »

En écoutant cet homme, j'étais bouleversé par la force, la puissance de sa fixation à cet épisode de sa vie conjugale, certes important et douloureux, à ce questionnement répétitif, obsessionnel : « Pourquoi a-t-elle fait cela ? »

Quand nous vivons un événement qui nous bouleverse, l'essentiel n'est pas tant de nous interroger sur le pourquoi de l'acte ou du comportement de l'autre, sur son attitude, mais sur l'impact que cet acte a sur nous, sur le retentissement, dans notre histoire intime, de ce comportement ou de cette attitude.

Il y a toute une déperdition énergétique, une sorte d'hémorragie d'énergie vitale à vouloir comprendre ou s'approprier une explication émanant d'autrui ou le concernant, alors que nous aurions précisément besoin de toutes nos ressources pour affronter ce qui nous arrive et traverser la crise, pour dépasser le choc du cataclysme qui s'est réveillé au plus profond de nous et nous réconcilier avec la part de nous-même qui a été dévastée, blessée.

En nous centrant ainsi sur l'autre, nous faisons l'économie d'une interrogation nécessaire et vitale sur nous-même, qui pourrait nous conduire bien plus loin, c'est-à-dire plus près de notre vérité intime.

Il est relativement facile de faire des erreurs,
mais les répéter et les entretenir
suppose beaucoup de constance
et un entraînement de haut niveau.

Marguerite et la difficulté d'exister...

Marguerite a longtemps été ma voisine du temps où j'habitais en Bourgogne, près de Dijon. Les soirs d'automne, à l'approche de l'hiver, elle éprouvait le besoin de se raconter. Elle vivait seule depuis si longtemps. Aussi inventait-elle des prétextes pour m'attirer chez elle. Elle me téléphonait et, après s'être enquise de ma santé, elle proposait : « Je viens de recevoir un bon petit thé de Russie, cela vous dirait ? » Elle adorait le thé fumé. Ou encore : « La courroie de ma machine à coudre a sauté, si vous aviez le temps de jeter un coup d'œil... » Marguerite n'aimait pas trop demander, mais elle inventait des prétextes pour permettre la rencontre et l'échange. Quand j'arrivais, tout était préparé, le plateau avec les tasses en porcelaine, le sucrier, la théière fumante, les petits gâteaux. Nous buvions lentement, puis, sans crier gare, Marguerite se lançait. Je sentais combien cela avait dû tourner et tourner dans sa tête, quand elle disait : « Ah ! Si vous saviez le nombre de fois que j'ai entendu cette histoire dans la bouche de mes parents. Cela me faisait mal, vous ne pouvez pas imaginer ! J'ai eu beaucoup de peine pour exister. Vous ne pouvez pas savoir tout ce que j'ai enduré, tout le courage qu'il m'a fallu pour ne pas me tuer, disparaître... Ma sœur aînée avait sept ou huit ans quand ma mère a été enceinte de moi ! "Je veux un petit frère", a-t-elle dit, un soir à table. Ma mère a répondu en riant : "Mais bien sûr, tu l'auras ton petit frère." Quand ma mère est partie à la clinique pour l'accouchement, elle a simplement dit à ma sœur, que gardait une voisine : ''Je vais chercher le bébé, je ne serai pas longtemps absente.

— Où tu vas le chercher, maman ?

— Au magasin des bébés !''

Alors ma sœur avait couru vers sa chambre, était revenue avec son porte-monnaie et avait donné quelques piécettes à ma mère, qui les avait acceptées ! C'est cela qui me fait mal. Vous vous rendez compte, elle a accepté les pièces de ma sœur, pour acheter un bébé ! Ma sœur a beaucoup insisté : ''Tu achètes bien un petit frère, hein ?

— Oui, oui, ne t'inquiète pas.''

Et je suis née. Je suis née fille, hélas ! Quand je suis revenue à la maison dans les bras de ma mère (Marguerite ne parle jamais de son père), elle a dit à ma grande sœur stupéfaite et mécontente de voir cette petite fille qui débarquait : ''Tu comprends, au magasin des bébés, il n'en restait que deux, un petit garçon tout noir et une petite fille... Alors j'ai pris la petite fille, je ne pouvais pas prendre le bébé noir.'' Ma sœur a tempêté tout un jour avant de dire : ''Mais moi j'aurais préféré le petit garçon même noir, plutôt qu'une sœur ! Tu ne m'as pas écoutée, maman !'' »

Marguerite, cette ex-petite fille qui a maintenant près de soixante-dix ans, pleure encore en me racontant le drame de sa venue au monde. La blessure n'est pas refermée, la plaie est là, béante, et les soirs d'automne les souvenirs reviennent et la plaie saigne. Je n'ai pas eu de mal à découvrir que Marguerite était née à la fin d'octobre et que sa sœur avait épousé un Africain...

Quelle est la plus grande douleur, se dire ou se taire ?

Dialogue pris sur le vif

L'été dernier, en Avignon, installé à une terrasse sur la place de l'Horloge, je rêvais. J'avais en effet du temps, étant arrivé en avance à un rendez-vous qui n'avait rien d'urgent. Est-ce cela qui me rendit disponible pour suivre le dialogue surréaliste qu'entretinrent une dame et le garçon de café ?

« Garçon, s'il vous plaît, pouvez-vous me rendre la monnaie, je m'en vais.

— Mais je vous l'ai rendue, madame !

— Ah bon ! dit la dame calmement. Excusez-moi, c'est parfait, dit-elle en souriant au garçon qui tente de s'excuser. Ne vous inquiétez pas, précise-t-elle, je suis distraite, j'ai la tête ailleurs. »

Le garçon la regarde, il est encore hésitant, elle lui confirme que tout va bien. Il éprouve cependant le besoin d'ajouter : « Je vous assure, je vous ai rendu la monnaie, seize francs sur votre billet de cinquante...

— J'en suis persuadée, dit la dame, ne vous inquiétez pas, tout est bien, je vous crois.

— Non, mais je vous assure », s'accroche le garçon.

Il est jeune, avec un regard bleu, puéril, il semble pour l'instant un peu perdu, son front se plisse, la dame lui sourit. Il insiste : « Regardez bien votre porte-monnaie, Madame. » Il paraît craintif, inquiet, veut convaincre, ne peut, semble-t-il, supporter d'être soupçonné. La dame, pour lui faire plaisir, ouvre son porte-monnaie, tripote quelques pièces, sort quelques billets, puis lui dit : « Pas de problème, j'ai mon compte, je vous crois, c'est tout bon !

— Oh ! Madame, s'exclame-t-il alors, plus agité. Faites attention, ne sortez pas vos billets comme ça ! Il y a des gens mal intentionnés, vous savez !

— Ah bon ! vous croyez ?

— Il y a des gens mauvais, je vous assure, il se passe tant de choses, si vous saviez...

— Moi, je crois que les gens sont naturellement bons, je le crois, je n'ai pas d'inquiétude. »

Puis elle se lève pour partir, toujours souriante. Le garçon l'accompagne quelques pas et dit : « Ça fait rudement du bien d'entendre ça ! Comme je voudrais que ce soit vrai ! » Soudain, il a l'air plus triste ; c'est qu'il croit, au plus profond de lui, que la dame se trompe – une nouvelle fois...

La bonne volonté n'est pas suffisante
pour s'entendre et même se comprendre,
encore faut-il émettre et recevoir
sur la bonne longueur d'onde.

Ma mère et le pain frais

Je connais bien cette habitude, cette pratique de table, fréquente dans les familles qui ont connu la pauvreté : « Il ne faut rien gaspiller, on ne va pas laisser perdre ce reste... Si petit soit-il, on ne jette jamais un bout de pain. » Dans ces mêmes familles, une personne se désignait souvent pour terminer « les restes ». Il restait un bout de fromage : « Donnez-le-moi ! » disait-elle. Et le fromage du jour, plus frais, était mangé par les autres. Je garde toujours en moi quelques-uns de ces réflexes, qui conditionnent encore certains de mes comportements de table ou envers la nourriture. Dans les campagnes de mon enfance circulait ce type de dicton provençal ou languedocien : *Que t'estouffe mais que n'en reste dji,* qui veut dire : « Que cela t'étouffe mais qu'il n'en reste pas ! »

« Il y a un reste de soupe », disait ma mère, la louche en l'air. Personne n'en voulait et cependant la dernière louche, qui ne pouvait être jetée, devait être accueillie par l'un ou l'autre de ceux qui, justement, détournaient la tête ! « Je n'en peux plus, je suis plein ! » s'écriait mon frère. Alors ma mère, suivant son humeur, déposait d'office le restant de soupe dans l'assiette du père qui, plus souvent qu'à son tour, se dévouait pour terminer ce qui restait dans la soupière.

Dans mon milieu, jeter un morceau de pain était impensable, quitter la table en laissant quelque chose au fond du plat ou de l'assiette, inimaginable. Pas de mouvements trop brusques, nous devions même faire honneur aux légumes, avec des gestes attentionnés : « On ne maltraite ni une pomme de terre, ni une tomate et encore moins un oignon ! » Ce n'était pas de l'avarice ou la peur de manquer, c'était du respect. On ne jette pas ce qui est bon, on ne gaspille pas ce qui a coûté ou qui a été fait avec amour. Même attitude pour les couverts en argent : on ne devait pas les utiliser *tous les jours,* uniquement dans les grandes occasions – qui n'arrivaient jamais ou qui étaient rarissimes ! En attendant, on les gardait dans leur présentoir d'origine, pour *en-cas*... Aujourd'hui encore, dans les brocantes de Provence et d'ailleurs, on trouve des ménagères entières, dans leur écrin de velours vert, qui semblent n'avoir jamais servi.

Ce respect quasi sacré de la nourriture a donné lieu à de nombreuses expressions provençales : *Elle poupougne,* pour désigner celle qui trie trop méticuleusement un morceau de viande, en séparant le gras du maigre, les nerfs de la chair plus dense. Ou encore : « On fait l'assiette jolie », pour dire qu'on fait non seulement l'assiette propre, mais qu'on l'essuie, qu'on ne « laisse rien », pour ne rien gaspiller !

Ces habitudes de table et bien d'autres s'inscrivent profondément dans l'imaginaire d'un enfant, elles perdurent et survivent aux changements de situation sociale. Elles témoignent d'une appartenance non seulement à un milieu, mais à un rapport respectueux aux êtres et aux choses du quotidien.

La table est un endroit rêvé pour rêver, manger lentement, mâcher silencieusement, le regard perdu vers un océan de nuages. J'ai voyagé souvent, en partance vers une réalité plus neuve que celle que je vivais.

Fille et mère

Étaient présents la maîtresse de maison et son mari, quelques amis, ainsi que deux cousines de notre hôte qui étaient de passage, Julie et sa sœur Agathe. Agathe raconte à Julie un événement récent : « Quand papa a été hospitalisé pour ses quatre-vingt-cinq ans, maman est venue quelques jours chez moi et tu sais ce que j'ai découvert ? C'est incroyable, incongru même, j'en suis encore toute troublée ! Figure-toi que je suis entrée par mégarde dans la salle de bains au moment où maman s'habillait. Elle était en petite tenue, elle avait sur elle, c'est fou, des dessous qui sortaient d'une boutique de lingerie, toute une parure, soutien-gorge et petite culotte assortie. Une merveille, une merveille de petite culotte, tout en broderie noire, pas très loin d'un string, à la mode quoi ! Tu te rends compte, et sexy avec ça ! Je n'arrivais pas à le croire ! Je n'ai pu m'empêcher de lui dire : "Maman, à ton âge, je te trouve bien sexy ! » Le plus fort, c'est qu'elle a ri de mon étonnement, elle a même tenu à me montrer d'autres sous-vêtements, dans sa valise, tous plus beaux les uns que les autres... Une vraie lingerie de femme... »

Sur ces derniers mots, Agathe éclate soudain en sanglots. Elle balbutie, blottie contre sa sœur Julie, son aînée : « Tu ne peux pas savoir comme j'étais contente. Je m'étais toujours imaginé maman avec des culottes de vieille, des culottes en coton, style religieuse, tu vois ! Quand je vois de ces sous-vêtements dans les vitrines, je détourne les yeux, j'ai comme une colère en moi, on dirait des langes pour vieux bébé ! Pendant des années j'ai trouvé que maman ne se laissait pas assez aller... Aujourd'hui elle a raison de prendre soin d'elle de cette façon.

— Alors tu as enfin vu maman comme une femme, pleine de féminité...

— Oh oui ! et quelle découverte ! La féminité de ma mère ! Quel bonheur ! À quatre-vingt-trois ans, jamais je n'aurais cru qu'elle ait cette liberté ! Quand j'étais petite, je la trouvais déjà trop vieille. Je ne voulais pas qu'elle vienne me chercher à l'école, j'avais un peu honte d'elle. J'enviais les mères de mes copines qui sentaient bon, qui étaient minces, coquettes. Comme j'aurais voulu découvrir ça avant ! »

Il y a tant de nostalgie dans la voix d'Agathe, tant de regrets dans son intonation... Il y a surtout un vrai regret dans ses yeux, celui de n'avoir pas su découvrir plus tôt la féminité de sa mère. Nous croyons connaître nos proches, mais à l'occasion de retrouvailles nous découvrons la part d'inconnu, de mystère, de fantaisie et de liberté qui existe souvent en chacun d'eux.

L'alchimie des hasards qui n'en sont pas, nous confronte, quand le moment est venu, aux sources mêmes de nos aspirations les plus cachées.

Un autre regard, une autre écoute...

Cette dame, qui m'écoute parler *dans la radio,* comme elle dit, me laisse un long message sur le répondeur. Je le retranscris comme je l'ai entendu ce matin-là : « Dans la cour de mon immeuble, en pleins travaux de réhabilitation, il y a du matériel entreposé, des portes, des vitres, des planches. Vendredi soir, les ouvriers ont laissé par mégarde des plinthes de bois à l'extérieur, et ce lundi matin, la cour est jonchée de débris de bois. Des enfants du quartier ont joué et ont déchiqueté la plupart des plinthes... Il y en a partout. Dès huit heures, ce matin, la vieille femme du premier étage m'attendait, outrée, et s'indignait contre ces « sales gosses qui ne respectent plus rien ». Elle souhaitait que je m'associe à sa plainte et à ses accusations. Je lui ai confirmé que j'entendais bien son indignation...

« Voilà qu'arrive l'équipe des ouvriers. J'avais déjà pu échanger un peu avec eux, lorsqu'ils avaient fait des travaux un peu plus loin dans la cité où se trouve mon travail. À cette époque ils avaient constitué une "Assos" (ils prononcent "l'assoceu"). Association qui a rendu un peu de vie à la cité. Les jeunes s'y retrouvent, y jouent, y apprennent des règles de vie en collectivité, font de la musique, confrontent leurs idées. Cela a réduit la délinquance, a fait chuter la violence. Tous sont contents, y compris les familles, les enseignants, les animateurs, les enfants, et les autorités !

« Les enfants, les ouvriers les connaissent bien et chahutent souvent avec eux. Aujourd'hui ils étaient là, devant le container qui leur sert de vestiaire et de local de rangement.

Je me suis approchée d'eux. En leur disant bonjour et en souriant, je leur ai dit que les plinthes n'avaient pas résisté au week-end... "Hé oui ! m'ont-ils répondu, les enfants d'aujourd'hui, comme on ne leur donne rien à construire, ils détruisent." Et voilà que l'un d'eux s'exclame : "Dites, s'il y en a un qui a envie de s'amuser, il peut s'y mettre ! Je n'arrive pas à ouvrir cette porte ! Les gosses ont dû remplir la serrure de morceaux de bois !" Il rit. Les autres aussi, et je sens de la bienveillance dans leurs rires. Ils étaient là devant ce carnage, calmes, sans ressentiment. Pas de rancœur, pas de hargne, une constatation presque conviviale sur la vitalité des enfants dans le contexte fragile de la cour de HLM. Je voyais un regard dénué de toute agressivité vis-à-vis des enfants de ce quartier peu tranquille. Une écoute sans jugement. C'est ce qui m'a surprise, entre eux et ma voisine – la différence du regard... et le sourire. Cela m'a accompagnée un long moment toute cette journée.

« Je voulais vous transmettre ce petit événement heureux, à vous qui voyez souvent tout ce qui ne va pas... »

C'est vrai que je vois souvent, trop souvent tout ce qui ne va pas ! Je peux moi aussi changer mon regard, je tente de le faire souvent, mais c'est comme si la souffrance des autres me rattrapait, je suis toujours en retard d'une attention que je voudrais plus positive. Grâce au message que cette inconnue a laissé sur mon répondeur, où il est pourtant dit que je souhaite recevoir « des messages courts et clairs » !, je serai à l'avenir plus prudent, c'est-à-dire plus ouvert !

Ce n'est pas l'espérance qui fait vivre,
mais le désir dont l'espérance n'est
que l'une des formes, la principale !

Nos vêtements et notre humeur...

Le choix de nos vêtements dépend de notre humeur autant que du temps qu'il fait. De notre humeur et de bien d'autres éléments qui luttent en nous à la recherche d'un équilibre entre cohérence et contradictions. Car il ne faut pas oublier que nous nous habillons et choisissons de nous présenter au monde et aux autres en fonction de plusieurs critères. Un coup d'œil au-dehors et le temps qu'il fait oriente en général notre premier choix. Viennent ensuite les personnes que nous devons rencontrer. Si nous songeons à inviter notre bien-aimé au restaurant, nous choisirons sans doute plus soigneusement notre costume ou notre robe, notre chemise ou notre corsage, ainsi que nos sous-vêtements. Si nous nous apprêtons à rencontrer ses parents, notre choix sera sans doute différent ! Les activités que nous prévoyons avoir seront un autre élément capital dans le choix de notre vêture. Et il y en a bien d'autres... Nous le savons !

L'important réside dans notre *état intérieur,* ce qu'il est convenu d'appeler l'humeur, c'est-à-dire, au fond, le baromètre intime qui fluctue en fonction de ce qui nous habite, de nos émotions du moment ou de sentiments plus profonds. Ce baromètre, s'il est tourné vers le beau, c'est-à-dire s'il témoigne du bien-être, de l'enthousiasme ou de la joyeuseté qui nous animent, nous fera choisir des couleurs et des tissus aux harmonies heureuses. Par contre, si notre baromètre intime est tourné vers l'irritation, le ressentiment ou l'insatisfaction, nos choix vestimentaires s'en trouveront fortement influencés de manière opposée. Je me souviens du jour où je suis allé à un rendez-vous important vis-à-vis duquel j'étais partagé : je voulais et je ne voulais pas ! Quand je suis descendu de ma voiture, j'ai pris conscience de deux choses : j'avais des chaussettes de différentes couleurs et j'avais encore à mes pieds mes... pantoufles d'intérieur. J'avais oublié de me chausser ! C'est dire si j'avais envie de me rendre à ce rendez-vous !

De fait, la façon de s'habiller véhicule de nombreux messages, à connaître par nous-même lorsque nous nous habillons, et à déchiffrer par ceux que nous côtoyons !

Quel beau cadeau que d'apporter
un peu plus de beauté au monde,
Et quel plaisir que d'accueillir la beauté
quand elle se présente à soi,
Ne pourrait-on avoir le souci de faire que chaque
rencontre soit un cadeau de la beauté
à la beauté ?

Le corps a ses odeurs…

Il vous est peut-être arrivé de côtoyer quelqu'un qui sentait mauvais, la transpiration par exemple. Comment le lui dire ? La question centrale est de savoir si la personne qui sent mauvais vous est proche ou non. Si elle fait partie des vôtres, voire si elle est une relation intime, il est toujours possible de dire votre gêne, en parlant de vous : « Je me sens gêné par ton odeur. » Et, pour être conséquent, vous tenir à bonne distance tant que la personne ne fait rien pour atténuer son odeur. La difficulté est que celui qui sent mauvais… ne sent pas son odeur !

Pour l'anecdote, je ne remercierai jamais assez la jeune fille de mes dix-sept ans qui m'a dit un jour en souriant : « Tu sais, c'est possible de se laver les pieds… plus d'une fois par mois ! » Car celui qui est porteur d'une odeur incommodante ne la sent pas toujours. Il est donc important de l'informer. Certains fumeurs sont par exemple absolument inconscients de l'odeur qu'ils dégagent. Odeur qui imprègne non seulement leurs vêtements mais aussi chaque pli de leur peau !

Il faut aussi savoir que certaines personnes ne sont pas prêtes à changer. Satisfaites de leur état, elles n'envisagent nullement de modifier leur comportement ou la situation : « Si tu es gêné, fais quelque chose toi-même ! » Elles peuvent même recevoir votre remarque comme une agression : « Quand j'ai demandé à mon mari de se laver les mains après être allé aux toilettes, il s'est mis en colère, me disant qu'il n'était plus un petit garçon, que je n'étais pas sa mère… Cela reste, depuis des années, un contentieux douloureux entre nous. »

L'odeur est un langage, elle fait partie intégrante de notre personne : « J'aime l'odeur de vanille de ma compagne, elle m'accompagne longtemps, bien après que nous nous sommes quittés. » Une bonne odeur, si elle est trop forte, devient une agression, elle violente nos sens, déclenche des fermetures et même des répulsions. Je pense qu'un certain nombre d'inhibitions ou de blocages sexuels sont liés à des odeurs ressenties comme désagréables et qui, pour cette raison, ont un effet inhibiteur, voire répulsif. Aussi ne devrions-nous pas hésiter à exprimer ce que nous ressentons. Nous n'avons pas besoin d'insister sur la *mauvaise* odeur, mais sur ce qui nous paraît trop fort et nous incommode. De nombreux moyens permettent aujourd'hui de tempérer des odeurs un peu fortes, mais paradoxalement ils sont rejetés, la plupart du temps, par ceux-là mêmes qui en auraient le plus besoin !

Quand il s'agit d'une personne qui nous est étrangère, la meilleure décision à prendre consiste à se tenir à distance et, comme le font certains animaux, à veiller à ne pas se trouver dans le sillon de cette personne ou à proximité d'elle !

Il faut prendre soin de son corps
pour que l'âme s'y sente bien.

Les premières hirondelles

Avez-vous remarqué que de moins en moins d'hirondelles traversent nos paysages, et surtout notre regard ? Dans mon enfance, les hirondelles faisaient partie de mon environnement proche. Familières, elles représentaient, sur le chemin de l'école, un élan et une aisance qui me fascinaient et me désespéraient à la fois tant leur vol évoquait l'inaccessible harmonie d'une liberté absolue.

Cette année, elles sont arrivées d'un coup, surgies d'un trou plus bleu, plus lumineux dans le bleu du ciel, en ce début du mois de mars, et ce matin j'ai pu les voir de plus près. Une petite dizaine, qui ne sont restées que quelques minutes à virevolter, à jouer et à se reposer à l'abri des falaises d'ocre, juste pour me laisser le temps de m'étonner, de m'émerveiller. Juste l'espace d'un sourire, d'un encouragement, car je sais que celles-là ne sont que de passage : elles remontent vers le nord, par des chemins invisibles entre nuages, ciel et terre.

C'étaient des hirondelles de cheminée, effilées, longues comme des martinets, avec une sorte de petit chapeau rouge, et au-dessus du bec une tache rouge. Elles sont précieuses, avec leur beau jabot noir et leur plastron beige. Elles ont une spécialité : elles font des nids carrés. Leurs cousines les hirondelles des fenêtres, avec un beau ventre blanc, ne tarderont pas maintenant... Ce sont elles qui bâtissent les nids ronds, collés au plus près des toits. Plus que quelques jours à attendre : elles vont arriver et s'installer. Je ne sais comment les apprivoiser, j'aimerais tellement qu'elles puissent bâtir un de leurs nids à l'abri des génoises ou d'un auvent de ma maison. Ai-je voulu des génoises pour cela ? Peut-être faut-il que ma maison vieillisse encore un peu, s'ancre dans le sol, se fonde plus dans le paysage pour que les hirondelles acceptent de l'apprivoiser !

Je sais que, chaque année, quelque 30 000 espèces végétales et animales disparaissent de la surface de notre terre. Je ne sais, mais je pressens que chacune, depuis les débuts de la création, avait un rôle à jouer dans l'équilibre des jours. Que chacun de ces insectes, de ces plantes, de ces radicelles, participait à sa façon non seulement à l'épanouissement mais aussi à la *vivance* de la vie, à l'agencement mystérieux d'un ordre dans lequel nous, les humains, avons une place. Une place particulière, mais pas nécessairement toute la place, ni celle que nous avons prise en envahissant l'espace et la place des autres. Avec ce génocide quasi permanent, silencieux, répétitif, nous traçons une route dont la destination nous échappe mais sur le chemin de laquelle nous sommes engagés – la plupart d'entre nous malgré nous.

Tant que l'homme s'attaquait à l'homme,
ce n'était pas très grave, mais aujourd'hui,
il menace le vivant de la vie, il met en péril
l'existence même de Gaïa, la planète-mère qui
nous a accueillis, abrités, bercés durant tant de
millénaires... Ne serait-il pas temps de nous
réveiller, de nous mobiliser,
voire de nous battre ?

Une halte au bord d'un champ

De nombreux citoyens vivant dans d'immenses métropoles n'ont pas touché de leurs pieds nus la terre, une parcelle de gazon, ni plongé leurs jambes dans une rivière, depuis... des années, voire des décennies !

Ils marchent sur du macadam, des pavés, ils vivent entourés de ciment ou de béton, se déplacent sur des planchers, isolés des énergies telluriques, coupés du contact avec l'humus, avec ce qui porte et vivifie la vie depuis l'origine des temps.

Peut-être pourraient-ils se lever plus tôt un dimanche ou un samedi, et sortir de la ville, dépasser les banlieues, s'éloigner des zones artisanales et industrielles et partir à la recherche d'un bout de champ, d'un sentier, d'un coin de forêt, et attendre ainsi que l'aurore écarte les voiles de la nuit, que le soleil dissipe la brume, pour voir fondre dans un seul souffle d'air tiède les pétales diaphanes des fleurs de brume. Je les appelle *fleurs de brume* tant elles sont éphémères.

Dans la brume légère de ce matin, juste à la veille du printemps, il y en avait des centaines dans le champ abandonné, près de la petite ruine que je rêve d'acquérir un jour, mais que mon voisin farouchement anti-citadin ne voudra jamais vendre à un *étranger* qui vient du sud-ouest de la France, « Ce n'est pas le midi, ça ! » m'a-t-il lancé à la figure le jour où je lui ai confié que j'étais né sur les bords de la Garonne, fleuve splendide chanté par Nougaro !

Ce matin, je me suis laissé surprendre par ces fleurs de brume surprenantes, incongrues dans le paysage, toutes blanches de perles humides, qui se sont épanouies, en l'espace de quelques heures à la lune descendante, sur les tiges desséchées des chicorées sauvages. Dentelles de rosée écloses dans les derniers frémissements de la nuit, d'abord captées dans les fils de soie des toiles d'araignées, puis agrippées aux herbes séchées par l'hiver, myriades de gouttelettes de brouillard, prises au piège léger de l'imprévisible, par des filaments qui s'envolent et se déposent dans tous les creux… Explosion de beauté délicate, si fragile, si présente. Fleurs irréelles, aux corolles irrégulières d'ombelles claires, chapeautant les tiges brunes qui se coucheront le vent venu.

Dans quelques minutes, le soleil fera miroiter tout cela quelques instants, comme autant de facettes bleutées tintinnabulant silencieusement avec l'éveil du jour.

Ce matin je me suis déchaussé, j'ai posé mes pieds nus dans la mousse de rosée du chemin, j'ai apaisé mes soucis, initié de nouveaux projets de voyage et d'écriture, et soudain décidé d'écrire à l'une de mes filles que je ne lui avais pas assez dit que je l'aimais… durant son enfance, et qu'il était temps de me rattraper !

Dans la rivière du temps prendre le temps
de s'immerger, pour donner à l'instant
toute son intensité.

Une promenade au cimetière du Montparnasse

Si un jour vous séjournez à Paris, prenez quelques heures de votre temps pour vous arrêter et visiter le cimetière du Montparnasse. Il se trouve dans le 14e arrondissement, tout près de la station de métro Edgar-Quinet, en face de l'éditeur Albin Michel... qui loge là depuis plus d'un siècle, exactement cent trois ans !

Passé l'entrée principale du cimetière, vous trouverez un petit pavillon sur votre gauche. Là, le concierge ou le gardien vous remettra une liste de quelque cent noms. Il s'agit des célébrités du xxe siècle, ou du siècle précédent, qui ont leur dernière demeure en ce lieu.

Suivant votre sensibilité vous irez peut-être sur la tombe du capitaine Dreyfus, ou sur celle, plus récente, de Simone de Beauvoir et Jean-Paul Sartre, réunis à jamais.

Vous découvrirez celle de Charles Baudelaire, enterré avec sa mère et son beau-père. Sur la pierre de cette tombe, vous pourrez ramasser et lire des billets écrits tout récemment, s'ils n'ont pas été emportés par le vent. Certains seront délavés par la pluie, fanés par le soleil, mais je suis sûr que la plupart vous émerveilleront par la richesse de leur style, la fraîcheur de leur poésie, l'enthousiasme et le respect exprimés par des hommes et des femmes d'aujourd'hui à l'intention d'un poète mort il y a près de cent cinquante ans. Oui, des hommes, des femmes déposent ainsi, quasiment tous les jours, des témoignages d'admiration, de reconnaissance, de tendresse et d'amour en hommage à un homme qui a su les toucher, les rejoindre par un vers, une stance, un quatrain : « Ces robustes navires à l'air désœuvré et nostalgique, ne nous disent-ils pas dans une langue muette quand partons-nous vers le bonheur ? »

Un peu plus loin, au centre du cimetière, vous trouverez la tombe de Serge Gainsbourg, entièrement recouverte, certains jours, de tickets de métro sur lesquels vous pourrez lire : « Serge je t'aime », ou « Tu as changé ma vie, tu m'as fait découvrir la beauté », ou « Tu m'as ému plus qu'aucun autre homme ».

Vous connaîtrez peut-être l'émotion de découvrir et de vous recueillir sur la tombe du capitaine Dreyfus que j'évoquais, devenu colonel après sa réhabilitation et dont chacun sait aujourd'hui la condamnation injuste. Si vous aimez la musique, ce cimetière est aussi celui de nombreux musiciens, tels Camille Saint-Saëns, Emmanuel Chabrier, également le lieu de repos de pianistes comme Clara Haskil dont vous entendrez peut-être, en prêtant bien l'oreille au-dessus de sa tombe, quelques accords venus de loin. Séjournent même dans ce cimetière, chanté avec beaucoup d'émotion et de tendresse par Georges Brassens, un président du Mexique, Diaz Porfirio, ainsi que Joëlle qui fut la chanteuse du groupe *Il était une fois*, et Henri Langlois qui fonda la Cinémathèque.

Pour ma part, j'aime aller sur la tombe de Jules Hetzel qui édita Jules Verne et sur celle de Maurice Leblanc qui créa Arsène Lupin. Et je passe toujours devant celle de Mireille appelée la « Chansonnière », sans qui la chanson française ne serait pas aussi vivante.

Si vous passez un jour près du cimetière du Montparnasse, n'hésitez pas, faites-vous plaisir, ravivez quelques-uns de vos enthousiasmes en côtoyant un peu de la vie éternelle de ceux qui laissèrent une trace de leur passage sur cette terre, celle de mon pays, qui reste une terre de liberté toujours vivace.

« Je rêve aux étés qui demeurent toujours. »
Arthur Rimbaud

Les souvenirs, cadeaux de notre enfance

Chacun d'entre nous a, tout au fond de lui, des souvenirs s'apparentant à des cadeaux, joyeux et émouvants, qui ont laissé des traces fécondes dans son existence. Cette amie me rappelait le plaisir qu'elle avait quand son père la prenait sur ses épaules pour de longues promenades dans la campagne. Plaisir et contentement qu'elle retrouvait en elle, toujours aussi vivaces, quand elle voyait son mari jouer avec leur fille. Telle autre de mes connaissances se souvenait d'une longue bronchite au cours de laquelle il avait eu le droit de dormir dans le grand lit de ses parents. « Je garde le souvenir de l'odeur bienfaisante du savon parfumé qu'utilisait ma mère, du soyeux de ses cheveux quand elle me prenait tout contre elle. Je sentais tout l'amour qui circulait entre elle et son mari, le monde était équilibré, rien ne pouvait le faire chavirer et c'était bon pour moi ! »

Pour ma part, j'aimais quand ma mère me lavait dans le jardin avec l'*eau du soleil,* cette eau qu'elle faisait chauffer dès midi, dans le coin le plus ensoleillé de la façade sud de notre maison. Je courais chercher mon maillot de bain rouge et je mettais d'antiques lunettes de plongée pour protéger mes yeux du savon de Marseille, dont elle faisait un usage jugé excessif même par le charbonnier voisin. Celui-ci, le visage noir comme celui d'un Africain, s'arrêtait, s'appuyait au grillage et lui disait en riant de toutes ses dents (brillantes comme sur la publicité très populaire de l'époque « Y'a bon Banania ! ») : « Mais vous allez l'user cet enfant à force de le lessiver comme ça ! » Et ma mère, toujours un peu rougissante quand un homme lui parlait, lui répondait invariablement : « Un amour entretenu ne s'use jamais ! » Affirmation qui n'est pas toujours vraie, j'ai pu le vérifier, mais qu'il est tout de même bon de croire et d'entretenir.

Notre enfance ruisselle de souvenirs uniques et merveilleux qui scintillent dans nos yeux quand nous les partageons, devenus adultes, avec nos proches, surtout avec nos propres enfants. Il en est ainsi des souvenirs heureux des longs jours d'été, interminables, pleins d'étonnement et d'aventures, qui illumineront plus tard les rencontres entre amis. Je me souviens de celui-ci : je trouvais que le lapin gris, tout seul dans sa cage, devait s'ennuyer. J'ai donc tenté de lui donner de la compagnie en le mettant avec la lapine blanche que Maman protégeait de toutes les tentatives de civet de mon père. Ils m'échappèrent tous les deux et disparurent sous le grillage du « jardin des fous ». Ainsi appelions-nous la clinique mystérieuse qui bordait le fond de notre jardin. Si bien que pendant des années, quand nous entendions rire et crier les fous, ce qui n'était pas exceptionnel, nous disions bêtement : « Ils ont mangé du lapin. » Depuis, dans notre famille, dire de quelqu'un qu'il a mangé du lapin signifie vivre un événement heureux !

Aussi quand ma première fille est née, on s'est écrié : « On va manger du lapin ! », au grand étonnement de l'entourage peu préparé à ce genre d'exclamation au sujet d'une naissance attendue…

Un adulte, ce n'est pas un enfant qui a mal tourné, c'est un ex-enfant qui a oublié qu'il l'avait été.

Vieillir, quelle aventure !

Beaucoup d'hommes et de femmes redoutent de vieillir. Ils voient la vieillesse comme une succession d'épreuves, de manques et de marques d'impuissance physique, ou comme un parcours semé de pertes et d'oublis. Il est vrai que la vieillesse peut s'accompagner de séparations et de désolations. Des proches s'éloignent, des amis disparaissent, les distances paraissent plus grandes, plus difficiles à franchir... Je me fatigue plus rapidement, mes énergies sont différentes, mon corps ne suit plus tout à fait, mes désirs s'absentent parfois et mes priorités ne sont plus celles qui m'animaient voilà encore quelques années.

Mais l'âge nous fait aussi découvrir les aménagements qui sont nécessaires à nos rythmes et à nos choix de vie. Certains considèrent la vieillesse comme un port où se poser, une période durant laquelle le temps ralentit, un espace où la vie prend des teintes plus douces, plus alanguies. D'autres la vivent comme un temps gratuit à consommer sans modération, pour réaliser enfin ce qui leur a tant manqué quand ils se laissaient dévorer par... le temps.

Mais il est aussi possible de voir, de vivre et de traverser la vieillesse comme un enrichissement permanent : « Aujourd'hui j'en sais plus qu'hier et moins que demain. » Il est possible de gérer la vie de son âge en s'appuyant non sur l'impatience, l'action ou l'appropriation, mais sur l'étonnement, la saveur de l'instant et le savoir-être au présent : « Aujourd'hui est le premier jour du reste de ma vie », ai-je noté près du miroir devant lequel je me rase tous les matins, pour me rappeler qu'il ne s'agit pas d'*ajouter* des années à la vie mais *de la vie aux années*.

Pendant les quarante premières années de mon existence, j'ai nié la vieillesse. Elle n'existait que chez les autres, elle n'était visible que sur des inconnus. Par contre, je voyais ma mère comme éternelle et moi-même comme un immortel. Je n'aurais jamais eu la cruauté… de mourir avant elle ! Dans mon système de fidélité et de références vitales ce n'était pas possible, c'était inconcevable ! Elle me disait souvent non seulement combien elle m'aimait, mais aussi combien elle croyait en moi, combien j'étais quelqu'un d'important pour elle. Je l'aurais blessée mortellement si j'avais commis l'erreur de disparaître avant elle !

Eh bien ! le temps m'a rattrapé. Quand, pour la première fois de sa vie, vers soixante-six ans, elle est tombée malade, j'ai compris qu'elle était non seulement vulnérable mais aussi mortelle, alors j'ai commencé à vieillir. Au début doucement, tout doucement, puis, me semble-t-il, de plus en plus vite. Avec sa mort il y a quelques années, moi aussi, je suis brusquement devenu mortel ! Aujourd'hui mortel je le suis chaque jour, sans me presser, j'ai tout mon temps… et puis j'ai pris l'habitude de mieux savourer la vie !

J'en suis là pour l'instant.

Chaque cheveu blanc a une histoire…

Je vis dans un village unique...

Si l'on pouvait réduire la population du monde à un village de 100 personnes tout en maintenant les proportions de tous les peuples existants sur la terre, ce village serait ainsi composé :

- 57 Asiatiques ;
- 21 Européens ;
- 14 Américains (Nord, Centre et Sud) ;
- 8 Africains.

Il comprendrait :

- 52 femmes et 48 hommes ;
- 30 Blancs et 70 Non-Blancs ;
- 30 chrétiens et 70 non-chrétiens ;
- 89 hétérosexuels et 11 homosexuels ;
- 6 personnes posséderaient 59 % de la richesse totale et seraient originaires des États-Unis d'Amérique.

Des 100 personnes de ce village :

- 80 vivraient dans des conditions sanitaires déplorables ;
- 70 seraient analphabètes ;
- 50 souffriraient de malnutrition ;
- 1 serait en train de mourir ;
- 1 serait en train de naître ;
- 1 posséderait un ordinateur ;
- 1 (oui, une seule !) aurait un diplôme universitaire.

Si vous considérez le monde de cette manière, si vous l'écoutez avec ce regard, si vous l'entendez avec cette vision nouvelle, le besoin et l'urgence de tolérance, de compréhension et de changement, non seulement dans les conduites au quotidien mais aussi dans les mentalités, s'imposeront à vous comme une évidence majeure.

Si, de surcroît, vous prenez en considération les quelques données qui suivent, vous relativiserez bien des problèmes qui vous paraissent insurmontables et vous oserez peut-être vous engager et devenir à votre tour un agent de changement social.

Si vous vous êtes levé ce matin en bonne santé plutôt que malade, vous avez plus de chance que le million de personnes qui ne verront pas le jour se lever la semaine prochaine.

Si vous n'avez jamais connu le danger d'une bataille, la solitude de l'emprisonnement, l'agonie de la torture, l'étau de la faim, vous êtes en meilleure situation que 500 millions de personnes qui subissent cela sur notre planète.

Si vous pouvez aller dans votre lieu de culte sans peur d'être menacé, torturé ou tué, vous avez plus de chance que trois milliards de personnes.

Si vous avez de la nourriture dans votre frigo, des habits pour vous vêtir, un toit sur votre tête et un endroit pour dormir, vous êtes plus riche que 75 % des habitants de la terre.

Si vous avez de l'argent à la banque, dans votre portefeuille et de la monnaie dans une petite boîte, attendant d'être dépensée, vous faites partie des 8 % les plus privilégiés du monde.

Si vos parents sont encore vivants et toujours mariés (ou encore ensemble), vous êtes une personne réellement rare.

Enfin, si vous lisez ce livre, c'est que vous aurez reçu une double bénédiction : quelqu'un aura pensé à vous, et vous ne faites pas partie des deux milliards de personnes qui ne savent pas lire.

« Travaille, comme si tu n'avais
pas besoin d'argent
Aime, comme si personne ne t'avait
jamais fait souffrir
Danse, comme si personne ne te regardait
Chante, comme si personne ne t'écoutait
Vis, comme si le paradis était sur terre
Ne te contente pas de rêver
à un monde meilleur, commence à le bâtir
Adresse ce message à tes amis
Si tu ne l'envoies pas, il ne se passera rien du tout
Si tu l'envoies quelqu'un pourra sourire,
s'interroger en le lisant, et oser rêver
à un monde meilleur
Et peut-être, pourquoi pas commencer
à changer pour le construire... »
Anonyme contemporain, avec quelques ajouts

Faits de société

Actuellement, 30 000 espèces végétales et animales disparaissent chaque année. Ceci parce que l'homme, qui est un véritable prédateur, ne peut se contenter de se détruire lui-même. Qui plus est, avec la conquête de l'espace son terrain de chasse s'agrandira considérablement...

Les tentations de la pseudo-démocratie : la place à prix unique

Depuis deux ou trois ans de nombreux festivals de musique ou d'art dramatique proposent un nouveau concept : la place à prix unique donnant accès, au spectateur arrivé sur les lieux, à tous les sièges disponibles.

Dans l'intention des promoteurs, cette façon de faire devait représenter un progrès démocratique car elle facilite l'accès égalitaire à la culture, chacun étant mis sur le même plan. Peut-être aussi exige-t-elle moins de temps et de personnel pour placer les gens...

L'expérience vécue rend pourtant cette pratique contestable. La plupart des spectateurs arrivent en effet une bonne heure en avance pour disposer des meilleures places. Ils butent alors sur une première barrière : le parking. Puis ils doivent avancer vers une deuxième barrière : là, on déchire une partie de leur ticket, ce qui leur donne le droit d'entrer dans une sorte d'enclos et d'y être parqués, debout. Devant une troisième barrière, ils sont enfin tenus d'attendre, pressurés par la masse qui augmente et s'impatiente. Chacun est ainsi obligé de rester immobile, voué à une attente incertaine.

J'ai vécu cela cet été et me suis senti mis sur le même plan que si j'étais devenu du bétail. De fait, dans des situations comme celles-là, à défaut d'avoir emporté un bon livre pour passer le temps, et de rester vigilant et lucide, j'éprouve rapidement le sentiment de perdre une partie de ma vie ; je me sens humilié, sans valeur. Je peux, bien sûr,

Jean Béliveau -

tenter d'entrer en relation avec mes voisins, échanger quelques mots sur des spectacles antérieurs, évoquer le souvenir heureux d'une représentation qui avait tenu de l'état de grâce – mais tous ne sont pas des gens ouverts. À voir la façon dont ils sont tournés vers les gradins qu'ils devinent un peu plus loin – là où se trouve la meilleure place, la leur ! –, je sens plutôt que leur seul souhait est de tuer leur impatience au plus vite. L'attente d'un signal permettant d'être projeté vers une bonne place peut pourtant durer soixante, quatre-vingts minutes. Et quand la barrière se lève enfin, c'est la course folle pour les premiers sièges, avoir une place assise, correcte ou convenable.

Je trouve dégradants ce parcage, cette attente, et la bousculade invraisemblable qui s'ensuit. Toutes les règles élémentaires de courtoisie sont abolies. Chacun se précipite. Les plus rapides, les plus futés réussissent à *squatter* quatre à cinq places pour des amis, des connaissances. Personnellement, j'ai honte de cette violence d'appropriation, au point que le plaisir que je pourrais éprouver à la perspective du spectacle à venir s'en trouve entamé.

Cette pseudo-démocratisation n'est pas un véritable progrès.

Je me promets d'écrire à Bernard Faivre d'Arcier, directeur du Festival d'Avignon, et à quelques autres, pour les inviter à chercher d'autres solutions afin de mieux gérer ce que je trouve quand même être un progrès : la place à prix unique ! Peut-être que celle-ci pourrait être combinée avec un billet numéroté selon l'ordre des places encore disponibles… au moment où nous achetons notre billet ?

Avec quelle habileté j'attaque parfois le meilleur de moi, en moi ! Je n'ai pas toujours éprouvé cette obligation de conscience qui m'habite aujourd'hui et me rend exigeant avec autrui autant qu'avec moi-même.

Fonction publique

Dans ce service public qui emploie quelque 700 personnes, la grande majorité sont des fonctionnaires titulaires, nommés à vie, quasi momifiés dans leur emploi. Bien sûr, ils ont dû réussir des examens, passer des concours, travailler dur, s'incliner devant des mutations obligatoires, et le plus souvent quitter leur région d'origine, leurs amis et leur famille pour s'exiler dans une autre région ou dans un purgatoire de transition – à Paris (l'horreur pour les Provençaux), dans l'Est ou la Lozère (peu appréciés par les gens du Nord), en Bretagne (que ne recherchent ni les Alsaciens ni les Corses !).

« On ne le dit pas assez, il faut savoir souffrir pour être fonctionnaire », m'affirmait avec conviction une inspectrice des impôts. Et voilà qu'aujourd'hui, des vacataires qui avaient accepté d'entrer dans la fonction publique avec ce statut dépourvu de sécurité, et qui y ont œuvré pendant quelques années, vont devenir fonctionnaires et « résorber l'emploi précaire » grâce aux projets gouvernementaux et avec l'appui des syndicats... Et l'on entend dans les couloirs, à la cantine, de bureau à bureau des murmures d'indignation : « Quel scandale ! Ils vont être titulaires, devenir fonctionnaires à part entière, comme nous ! Sans concours, sans examen ! Sans mutation la première année ! Et rester sur place en plus, là où ils sont entrés de leur propre volonté, quand ils n'étaient que vacataires ! »

« C'est normal », clament les uns, « C'est pas juste ! » protestent les autres. « On doit être tous égaux dans l'injustice et les difficultés ! Mais il ne faudra pas s'étonner si après ça le service de l'État ne marche pas bien. La conscience professionnelle c'est tout un état d'esprit... »

Dans la fonction publique, sacrée en France, on appelle cela *l'esprit de corps*, c'est-à-dire une attitude qui exclut du groupe ceux qui n'ont pas eu le même parcours professionnel. De toute évidence le nouveau venu, celui qui est passé par la petite porte, est censé ne pas avoir cet esprit, il n'est qu'intégré, lui. Assimilable à une pièce rapportée, il ne fait pas vraiment partie de la famille ! De toute façon il ne deviendra jamais pleinement un vrai fonctionnaire titulaire dévoué à l'État, à la région, à la commune. Il est et restera une sorte d'étranger, toléré, surveillé, un simple *titularisé*. Il faut comprendre toute la pesanteur d'une culture administrative introduite par Napoléon et vieille de deux siècles pour saisir les subtilités de ces termes et entendre la part de frustration engrangée à la suite de certaines réformes...

J'aime Vialatte et ses aphorismes décapants :
« Si l'homme n'est que poussière, c'est dire
l'importance du plumeau ! »

Les vendeurs de la FNAC, chaleureux... entre eux !

Je suis un enfant de la FNAC. Combien de samedis n'ai-je pas passés, au cours des années 1960, dans le premier magasin ouvert à Paris, boulevard de Sébastopol ? On se donnait rendez-vous au rayon des microsillons, on posait des tas de questions aux vendeurs. À cette époque, ils savaient tout. Ils aimaient répondre. À partir de nos interrogations enthousiastes, tous les sujets les passionnaient. Dans mon souvenir, ils avaient une disponibilité étonnante, en prise directe avec nos centres d'intérêt. Nous avions le sentiment, mes amis et moi, d'entrer dans un magasin intelligent et sensible. Chaque visite était riche de découvertes, d'étonnements et souvent d'émerveillements.

Il n'en est plus de même aujourd'hui. La FNAC, dans plusieurs domaines, jouit d'un quasi-monopole et cela transparaît dans les tentatives de communication, souvent vouées à l'échec, qu'amorce le client de sa propre initiative. Les vendeurs paraissent plus arrogants, lointains, détachés. Quand vous leur demandez un renseignement, ils consultent aussitôt l'écran de leur ordinateur. Ce geste paraît naturel, l'ordinateur étant leur principal outil de travail. Mais durant la recherche, parfois labyrinthique, aucun contact n'est établi avec le client, aucune parole ou regard n'est échangé, celui-ci doit attendre passivement le diagnostic de la machine. Et la réponse arrive sans même que le vendeur prenne le temps de vous regarder. La tête sur l'écran, il énonce la sentence : « Indisponible. Pas en stock actuellement. Produit non référencé... ». Et déjà le vendeur s'est éloigné ou a repris une discussion avec un collègue qui semble bien plus passionnante que ce qui vous préoccupe !

Je trouve les vendeurs de la FNAC très chaleureux... entre eux. Riant, discutant de façon détendue, ils sont extrêmement sympathiques tant qu'on ne les dérange pas par une demande d'information ou par une interrogation banale sur tel livre, disque compact ou portable.

Dans certains magasins, le rayon informatique semble constituer une exception à tout ce que je viens de dire. Quelques mots clés, tirés d'un jargon très spécifique, agissent comme des sésames – encore faut-il faire partie des initiés qui possèdent ce langage codé et savent l'utiliser à propos ! Celui qui, comme moi, ânonne seulement quelques mots, confond logiciel et disque dur, ou croit que le web est une marque d'ordinateur, celui-là reste à la périphérie des intérêts et de l'attention des vendeurs ! On se débarrasse de lui avec une documentation qui restera de surcroît illisible à tout client néophyte dans ce domaine, puisque les notions de base ne sont pas encore intégrées dans la mémoire de son propre disque dur pas toujours installé à la bonne place !

Je crois que les FNAC ont de beaux jours devant elles, malgré les belles démonstrations d'incommunication qu'elles privilégient. Nous sommes devenus des consommateurs trop dépendants, qui n'ont plus le temps de rêver et donc de partager.

Je le regrette, il me reste des nostalgies tenaces.

Aujourd'hui, on peut communiquer à tout instant sans même se rencontrer... Bientôt il ne sera plus nécessaire de vivre pour exister. Et un jour prochain, ce sera peut-être un clone qui vivra pour moi ma propre existence !

« Mon chef m'en veut ! Que lui ai-je fait ? »

Depuis quelques années on parle de harcèlement moral ou psychologique, voire de terrorisme relationnel dans la vie de couple ou dans l'univers du travail. Quand un employé a le sentiment d'être l'objet d'intentions malveillantes plus ou moins directes, visant à le déstabiliser, à l'affaiblir, ou le conduisant à demander un changement de poste ou même de lieu de travail, il peut vivre cela comme du harcèlement.

Au début, la perception de ce phénomène est diffuse, peu claire. Puis, elle s'impose comme une certitude. La personne éprouve alors le besoin d'en parler, parfois au risque d'agacer, de fatiguer son entourage : « Il m'en veut, il en a après moi, il cherche à me coincer », ou « C'est curieux, quand il a une critique, un reproche à faire, cela tombe toujours sur moi ». Une phrase revient fréquemment : « Je ne comprends pas. Je me demande ce que je lui ai fait pour qu'il agisse comme ça avec moi. »

Cette interrogation restera sans réponse, car celui *qui en veut,* qui harcèle, ne connaît pas toujours lui-même l'enjeu qui sous-tend son propre comportement. Il peut se sentir menacé, dérangé, ou éprouver une inquiétude diffuse et, pour toutes ces raisons, justifier son attitude : « Dès le début je l'ai eu dans le collimateur. Il a une tête qui ne me plaît pas », ou « Je ne suis pas tranquille quand je sais qu'elle est là », ou encore « Je ne sens pas ce type, je suis sûr que dans mon dos, il me sabote ».

L'univers clos, et parfois autistique, de certaines entreprises, se prête au développement en série et en miroir de perceptions relevant du sentiment de persécution.

Pour celui qui a le sentiment d'être l'objet de harcèlement moral, il est souvent difficile de porter une accusation précise de malignité volontaire, d'intentionnalité négative et répétitive. C'est qu'il n'est pas simple de circonscrire chez l'autre l'incompétence relationnelle ou la faute, l'autisme social, voire la dimension paranoïaque ! Le malaise se concentre le plus souvent autour de deux protagonistes qui se sentent mutuellement agressés par le comportement, les demandes, les exigences, la variation des émotions de l'un, et la maladresse, les interrogations, ou la bonne volonté excessive, le besoin de savoir ou de comprendre de l'autre : « Si encore je comprenais ce qu'il veut exactement, j'essaierais de le satisfaire, ça irait mieux ! » pense l'un. « Il n'arrête pas de me casser les pieds avec ses questions sur lui-même et son nombrilisme », s'irrite l'autre. Dans cette dynamique, toute tentative de mise en mots, de clarification ou de dépassement de la situation semble vouée à l'échec. Celui *qui en veut* ne lâche pas sa proie. Si, en plus, il occupe une position hiérarchique, le combat s'avérera rapidement inégal, car c'est toute la structure qui défendra le supérieur…

Il existe actuellement peu d'issues positives à ce type de conflit. En France, une loi vient d'être votée visant à protéger ceux qui sont l'objet de harcèlement moral – encore faut-il que ces derniers puissent en faire la preuve, souvent difficile et douloureuse.

À défaut de cela, la personne harcelée devra trouver la bonne distance vis-à-vis de celui (ou celle) qui le harcèle. Peut-être devra-t-elle aussi apprendre à mieux repérer les phrases clés, les conduites stimulantes, les relances avec lesquelles elle déclenche, sans le savoir, la dominante *perverse* de l'autre…

Lorsqu'on ne peut modifier une situation ou un événement, la seule option alternative est de travailler à transformer le sens qu'elle revêt pour soi.

La religion cathodique...

Il paraît qu'une grande partie des Français (et certainement des Belges, des Suisses, des Québécois), tous âges confondus, passe en moyenne quatre heures et demie par jour devant la télévision... Sans compter que le temps de travail allant diminuant, cette moyenne ne pourra qu'augmenter de façon significative.

Pour certains, le poste est ouvert dès le matin jusqu'à tard le soir, pour d'autres, il l'est de façon plus circonspecte ou ludique. Mais qu'importe, cet *étranger venu du dehors* occupe une grande partie, non seulement de l'espace intime de nombreux couples et familles, mais aussi de l'imaginaire et des fantasmes de beaucoup d'entre nous !

Avec l'arrivée, depuis quelques années, sur toutes les chaînes, de ce qu'il serait possible d'appeler le *marché de l'intimité* – des émissions très suivies reposant sur des témoignages de faits vécus, intimes et rares –, chacun peut avoir l'illusion d'accéder à une connaissance plus profonde de l'humain, de découvrir quelques-uns des mystères de la différence, de s'ouvrir à plus de tolérance ou de participer à une thérapie télévisuelle, à ceci près qu'une telle consommation de *problématiques indirectes* présentées par tous ceux qui se confient à l'animatrice sensible et futée ou au David capable de lutter contre tous les Goliath du monde, lui fait faire l'économie d'une démarche personnelle visant à mieux se connaître. Les témoignages sont vibrants de sincérité, lourds d'émotion, si réels... « Jusqu'à aujourd'hui j'ai bien vécu mon obésité, mais je suis rattrapé par mon poids ;

à 168 kilos j'ai du mal à aller aux toilettes tout seul », « Je suis homosexuelle mais j'ai demandé à un ami homosexuel de me faire un enfant et de me le laisser pour que je puisse l'élever avec ma copine », « Comment puis-je rester avec mon mari qui non seulement me bat tous les jours mais en plus ne veut pas me quitter ? », « De quelle manière ai-je retrouvé celle qui m'a abandonnée à ma naissance et que je n'arrive pas à appeler ma mère ? », « Qui pourrait, comme moi, continuer à travailler dans la même banque, après avoir été l'objet de quatre hold-up en l'espace de deux ans ? », « Je suis pédophile et je n'arrive pas à fixer ma libido sur autre chose que des enfants de quatre à six ans », « J'ai changé de sexe à trente-six ans et maintenant, cinq ans après, je voudrais retrouver mon premier sexe car je voudrais pouvoir porter un enfant dans mon ventre avant qu'il ne soit trop tard », « J'ai retrouvé celui qui m'a violée quand j'étais enfant et j'ai découvert qu'il avait depuis violenté des dizaines d'enfants. Je me sens tellement coupable de ne pas l'avoir dénoncé ».

Ce ne sont que quelques aspects de la misère relationnelle, de la souffrance engrangée par des adultes qui ont été des enfants, des injustices subies au cours de leur jeunesse ou ultérieurement, qui sont ainsi dévoilés et dont l'expression doit certainement les soulager sans pour autant empêcher des répétitions... Sans que soit ouverte, en amont, une interrogation sur le système relationnel que j'appelle S.A.P.P.E (Sourd, Aveugle, Pernicieux, Pervers, Énergétivore), et qui a conditionné l'ensemble des pratiques éducationnelles familiales et scolaires qui sont à l'origine de ces faits, de leur fréquence, de leur répétition. Sans que soit proposée quelque démarche de changement qui permettrait que s'ouvre une communication différente, plus relationnelle, non violente susceptible de limiter voire de surmonter ces situations. Sans que cela permette d'accéder à du sens !

Nous vivons dans une culture où le superflu est devenu si nécessaire que nous sommes condamnés à toujours vivre dans le manque.

Les « bonnes » nouvelles télévisées

Comme tous ceux qui possèdent la télévision, chaque jour, deux ou trois fois par jour si je le souhaite, mais particulièrement le soir, j'ai la possibilité, avec le Journal télévisé, d'accéder, parfois en direct, au déroulement des turpitudes et des vicissitudes qui ont secoué le monde durant les dernières vingt-quatre heures : un enfant de quatre mois a été volé dans la voiture de ses parents laissée quelques instants sans surveillance, la clé de contact dessus ; un homme, refusant le jugement de divorce qui confiait la garde de ses trois enfants à son ex-femme, les enlève et se donne la mort après les avoir tués dans leur sommeil ; un journaliste enlevé par des extrémistes est retrouvé décapité après un mois de vaines tractations ; une jeune femme est lapidée après avoir été convaincue d'adultère ; 12 personnes âgées meurent asphyxiées dans l'incendie d'une maison de retraite ; deux jeunes filles de seize ans servaient de bonnes à tout faire, depuis deux ans, chez des diplomates en poste à Paris, sans avoir de congés, sans recevoir de salaire, séquestrées par leur employeur qui les utilisait comme des esclaves ; des prisonniers se révoltent dans une centrale pour obtenir un minimum de respect ; tout cela sans compter les inondations, les cyclones, les tremblements de terre, les feux de forêts...

J'arrête pour aujourd'hui, j'essaie d'oublier, de rejeter dans l'ombre ces violences, ces guerres, famines, enlèvements, tortures, dénis de justice qui sont le lot d'une journée banale dans différentes parties du monde.

Quand je reçois ainsi ma *dose quotidienne* d'informations, je sens que cela pèse sur moi, me pollue, me dévitalise. Je peux essayer de me libérer en ayant quelques commentaires indignés, de me dérober en ressassant critiques et analyses, de dévier en dénonçant la lâcheté, l'opportunisme, le manque de clairvoyance des gouvernants, des institutions, ou encore me réfugier dans mes utopies habituelles : « Si l'on enseignait la communication relationnelle (oui, celle qui nous relie, nous prolonge, nous amplifie) une communication non violente, à l'école, tout cela n'arriverait pas... »

Mais je peux imaginer, aussi, qu'il serait possible de donner des informations sur tout ce qui se passe de positif dans le monde. Montrer une famille partageant un repas du soir sans conflits, sans dérapages, ni outrances ; un couple qui se parle, échange, partage, un enfant passant une journée dans une école vivante, stimulante pour lui ; un autre aidant un copain en difficulté... Il serait possible de recenser et de mettre en valeur telle décision prise par un État ou un gouvernement, tel aménagement social mis en place par une entreprise, telle concertation envisagée pour dépasser une crise, tel comportement positif, telle réalisation permettant à un projet de voir le jour...

Nous savons mal valoriser, mettre en évidence la dimension positive d'une vie, l'aspect merveilleux d'une existence, la convivialité contenue dans un partage.

Alors, depuis quelque temps, chaque soir, devant ma télévision fermée, j'essaie de trouver, de rassembler, de visualiser tous les événements positifs de ma journée pour inscrire en moi de la vitalité, une trace plus *énergétigène,* et pouvoir alors m'endormir avec le sentiment que la vie vaut quand même la peine d'être vécue.

**La violence visible est souvent un langage.
Un langage-réponse à la détresse, à la peur,
à des humiliations passées ou présentes, qui tente
de crier l'insupportable, de dire l'indicible.**

Chers animaux familiers

L'amour des bêtes dites domestiques (curieux terme pour nommer un être qui partage notre intimité et qui suscite autant de sentiments forts !) est très répandu. L'amour des chiens, qui s'exprime par une variété inouïe de comportements, semble être un des plus aveugles qui soient. C'est un amour souvent absolu, inconditionnel, parfois possessif, mais toujours chargé de nombreuses qualités et défauts pour le moins ahurissants. Les propriétaires de chiens sont ainsi capables de se jeter dans une bagarre contre un chien 10 fois plus gros et dangereux que le leur pour défendre ce dernier, avec un courage fantastique !

Le plus étonnant est que ces mêmes propriétaires font souvent montre de beaucoup de laxisme (pour ne pas dire de sans-gêne agressif) quand il s'agit d'empêcher leur compagnon préféré de se soulager sur un trottoir ou dans n'importe quel lieu public ! Je considère qu'un tel laisser-aller est un comportement violent, qui agresse le piéton que je suis. Circuler à pied, flâner, musarder est un de mes plaisirs, et je ne veux pas être obligé de marcher les yeux rivés au sol, que ce soit à Paris ou à Lyon, à Toulouse ou à Bordeaux, parce que je crains de mettre mes pieds dans une matière glissante et nauséabonde.

En quoi le propriétaire d'un chien se sentirait-il diminué s'il acceptait de recueillir dans un sac le résultat naturel des soins qu'il a prodigués à son chien ? C'est aussi une façon de le respecter ! Il existe, dans les grandes villes du Québec et dans celles de quelques rares pays européens, des endroits aménagés pour les besoins spécifiques des animaux de compagnie, des distributeurs de sachets en plastique et de gants permettant de ramasser et de déposer dans des poubelles *ad hoc* leur production parfois intempestive ! Malheureusement, beaucoup de maîtres n'osent pas imposer cette petite contrainte à leur animal favori, ni s'obliger à faire quelques pas de plus pour l'inviter à déposer ses besoins dans un endroit plus discret ou prévu à cet effet. À l'intention de ceux-là, certaines villes ont prévu des amendes, mais la plupart des agglomérations sont dépassées par le problème. Je ne sais combien de tonnes d'excréments produisent annuellement les quelque huit millions de chiens qui vivent en France.

Il est certain que bien des nuisances, amplifiées parce qu'elles sont collectives, seraient atténuées par un comportement individuel plus responsable. Je me fais l'effet, disant cela, d'être un infâme adepte du « politiquement correct » !

Garder sa dignité, c'est surtout ne pas offenser la vie dans les petits gestes du quotidien.

Au péage…

Marion, dix-sept ans, la fille d'un de mes proches voisins, a travaillé tout l'été au péage d'une autoroute du sud de la France. Dans sa cabine surélevée, elle encaissait les droits de passage des véhicules, puis libérait la barrière qui permet de poursuivre la route. Travail simple, qui ne demande aucune attention particulière, si ce n'est de ne pas se tromper en rendant la monnaie !

Elle fut très surprise par la variété des réactions, des comportements et des attitudes de différents automobilistes. Il s'agissait d'un petit péage sur l'A51, à la sortie de Manosque, patrie de Giono. Lui n'a pas connu l'autoroute qui défigure par endroits les paysages des collines éternelles de la Haute-Provence – mais l'autoroute facilite malgré tout les échanges et favorise les déplacements dans cette région encore méconnue. Ici, tout est à découvrir si l'on accepte de s'échapper des nationales pour entrer dans la campagne et parcourir les petites routes entre Durance et Montagne de Lurs.

Mais je voudrais revenir à Marion, cette jeune fille qui, à l'occasion de son travail saisonnier, découvrit avec gêne et stupéfaction quelques-uns des aspects les plus pénibles du monde des adultes : « Il y a des gens vraiment gentils, souriants, qui au-delà du *bonjour* m'offrent une petite phrase pleine d'espoir ou d'encouragement. Il y a ceux qui ont le souci de faire l'appoint ou qui me demandent un renseignement et qui semblent soulagés et apaisés par ma réponse, reconnaissants. Mais il y a tous les autres, les hargneux, ceux qui sont pressés, qui klaxonnent et me jettent un regard haineux quand la barrière ne se lève pas assez vite ! Il y a aussi les éternels frustrés qui ne peuvent s'empêcher de me faire remarquer que le péage est une escroquerie, que l'autoroute devrait être gratuite, que l'État ou les sociétés d'autoroute font des milliards de bénéfice sur le dos des contribuables, qu'en Belgique, en Allemagne et même au Québec "les autoroutes sont gratuites, elles !". »

Et puis il y a toute la faune asociale, perverse, que Marion découvre, souvent avec affolement, pétrifiée dans sa guérite de péage. Mais toujours avec stupéfaction et quelquefois avec admiration tant les pratiques sont inventives ! « Il y en a qui roulent carrément sans pantalon, le sexe en l'air ou qui se masturbent en attendant leur monnaie, d'autres qui me font des propositions directes, crachent contre la vitre de la cabine ou se lèvent et tentent de me prendre la main... Quand je suis en service de nuit, je garde près de moi une espèce de bombe à gaz, qu'une copine m'a prêtée. Je ne suis plus en Provence, je suis à Paris ou à Chicago dans une banlieue à risques ! »

Je n'ai pas envie de dire que Marion découvre la vie. Non, elle découvre le comportement de certaines personnes, de certains hommes, surtout, en difficulté d'exister. « Je préfère les femmes, me dit-elle, elles ont mauvais caractère, mais avec elles, c'est plus clair ! »

Je lui laisse ce point de vue.

Si Frédéric Tristan dit vrai, à savoir que « Nous sommes toujours de la taille de l'univers que nous découvrons », partons à la découverte des autres galaxies !

Les touristes sont de retour !

Au cours de l'hiver, ils rêvent, dès le printemps ils anticipent et commencent leurs explorations, au début de l'été, ils arrivent, ils sont là. Ils sont innombrables, ne passent jamais inaperçus et se renouvellent chaque jour, chaque heure dans une sorte de génération spontanée.

Il existe plusieurs variétés de touristes, chacune ayant ses caractéristiques :

L'*homo tractus* se déplace uniquement en voiture, forçant tous les barrages de la civilité. Il veut arriver directement au cœur du village le plus inaccessible sans avoir à descendre de son véhicule. Faire le moins de pas qu'il est possible pour se restaurer, se rafraîchir ou se faire plaisir en admirant une fontaine, le fronton d'une église ou la porte ouvragée d'un hôtel particulier du XVIIe siècle.

L'*homo pédalus* navigue sur les routes secondaires, s'arrête souvent à l'ombre d'un pin ou d'un micocoulier : assis ou debout, il ne quitte pas son vélo des yeux. L'*homo pédalus* parcourt tous les coins et les recoins, il sourit, lève le bras, dit bonjour, n'hésite pas à entrer en relation avec l'indigène que je suis.

L'*homo groupus,* toujours en bande, suit le berger du troupeau muni d'un fanion ou d'un panneau de reconnaissance. Il est souvent coincé entre le dos et le profil de ses congénères. Il voit peu de chose, se contentant du plaisir d'être ensemble et de la certitude de pouvoir dire, de retour au pays natal : « J'ai vu la Provence, ce n'est pas aussi beau qu'on le dit », ou « Nous avons traversé toute la Camargue, et je vous assure, les flamants roses ne sont plus roses, ils sont tout délavés ». Le fait d'être en groupe semble lui donner le droit d'être plus exigeant que les autres, plus critique, ce dont il ne se prive pas !

L'*homo conjugo* voyage avec son ami ou amie de cœur, sa femme ou son mari. Main dans la main, ils gravissent toutes les pentes, escaladent tous les clochers, visitent tous les marchés. Ils engrangent des sensations pour les jours de pluie, ils font provision de plaisirs pour l'hiver. Ils s'appliquent à voir les mêmes choses pour avoir les mêmes souvenirs. Ils se promettent le plus souvent de revenir, de prendre un peu plus de temps pour voir…

L'*homo individualis* me paraît le plus sympathique. Discret, il se fond dans le paysage, épouse les contours de l'habitant moyen, se mêle à la vie du village, discute sur les aménagements à faire. L'*homo individualis* aime à être pris pour un autochtone, il souhaite se fondre dans le paysage et aspire souvent à prendre pied dans le pays.

Les touristes, comme les autochtones vont le découvrir après les vacances, ne font pas que passer : ils laissent des traces. Certaines seront précieuses, en particulier à partir de rencontres, d'échanges et de partages. D'autres, moins positives et relativement visibles : des papiers, des canettes et des restants de sandwiches. Et des traces plus invisibles d'odeurs d'essence et de gasoil, d'huile solaire et de transpiration, ainsi qu'une atmosphère chargée de tensions et de relents d'impatience.

Alors, quand les touristes arrivent, je pars, je leur laisse mon village, je m'en vais faire le touriste ailleurs… C'est pour cela que je les connais bien !

Quand les dieux veulent nous punir,
ils exaucent nos prières.

La fin des vacances

Quand le temps des vacances s'achève, nous sommes parfois animés d'un double mouvement intérieur. Regret, tristesse, frustration de n'avoir pu faire que la moitié ou le dixième de tout ce que nous avions anticipé de vivre, de n'avoir pu saisir à pleins bras qu'une toute petite partie des opportunités de notre séjour, de n'avoir pu goûter ou découvrir que certains moments forts de l'imprévisible qui se présentait à nous... Mais il y a aussi en nous, telle une graine semée, des élans nouveaux, des projets plein la tête pour la reprise, une anticipation de renouveau, de relance par rapport au travail ou au métier...

Nous le savons, les vacances passent toujours trop vite. Elles donnent le sentiment de se terminer avant même d'avoir été commencées. En fin de séjour, se bousculent donc en nous des sentiments contradictoires qui donneront aux vacances une coloration particulière. Comme, le plus souvent, un seul jour de conflits laisse plus de traces en nous que cent jours de paix, si nous ne sommes pas vigilants, nous risquons d'engranger des souvenirs négatifs. Donner une fin heureuse à nos vacances, c'est en grandir et en prolonger le souvenir. Bien sûr, durant les quelques jours qui suivent, resteront le bronzage, la « forme », un dynamisme encourageant, mais qui vont disparaître bien vite. Resteront aussi les photos propres à inscrire une trace et la confirmation de moments privilégiés : ce que nous avons vécu, nous ne l'avons pas seulement rêvé...

Il y aura les soirées de retrouvailles avec ceux qui ont partagé tout ou partie de ces vacances et avec ceux qui étaient restés ou qui sont allés ailleurs. Il y aura tout un suivi à partir des rencontres faites sur une plage, dans un chalet, lors de la descente d'une rivière ou dans un musée de Florence ou de Prague… et parfois même l'inscription en nous de relations fortes et durables, dont certaines marqueront notre vie.

Les vacances ne se terminent pas à la fin d'une location quand nous refermons soigneusement les volets de la maison, ni au retour, quand nous rangeons, jusqu'à l'année suivante, les valises et le petit matériel (épuisettes, palmes, canot, etc.). Elles se prolongent, dans le souvenir, par de nouveaux partages avec ceux que nous aimons, sous forme de rêves et de projets pour… les prochaines vacances.

« Le terme d'une chose se fait commencement d'une autre », disait Léonard de Vinci, mais le commencement d'une chose n'annonce pas toujours sa fin. Tout est en gestation, en création dans l'imprévisible des ressources de la vie.

La pratique abusive de la pensée magique…

La rumeur qui s'est développée lors des inondations du printemps 2001 dans la Somme et la région picarde ne relève pas de la pensée magique mais d'une régression mentale face à l'angoisse. Je rappelle les grandes lignes de cette rumeur : certains habitants de la Somme, devant la montée des eaux (pluviométrie galopante), étaient persuadés que les habitants du Bassin parisien, les *Parisiens* (ethnie peu recommandable, animée de sentiments ambivalents et vivant eux-mêmes sur des nappes phréatiques saturées) s'étaient arrangés pour dévier les eaux dudit Bassin parisien à l'aide d'un canal secret, et les faire se déverser sournoisement dans la Somme et inonder ainsi la Picardie. La persistance, durant plusieurs mois, des inondations autour de la ville d'Amiens ne pouvait pas s'expliquer autrement !

Ce qui relevait de la pensée magique, c'est la croyance que si les Parisiens arrêtaient cette manœuvre anti-civique, le niveau des eaux redescendrait dans la Somme et la Picardie ! La pensée magique s'appuie sur des croyances intimes, fondées sur un système d'explicitations personnelles et qui déterminent un comportement bourré de certitudes totalement irrationnelles ! Ainsi : « Je peux rouler à 180 km/h sans problème, je connais toutes les réactions de ma voiture, au millimètre près », « Je peux boire autant d'alcool que je veux, je ne suis jamais ivre », « Nous, on s'aime tellement qu'on peut faire l'amour sans protection. Je suis sûre que je n'attraperai pas le sida… d'ailleurs, si je devais l'avoir, ce serait déjà arrivé ».

La pensée magique vise à assurer une protection, à mettre un écran entre une conduite et les conséquences prévisibles de cette conduite. Ce faisant, elle tente de nier le sentiment d'impuissance qui pourrait surgir et angoisser : « Je suis persuadé à cent pour cent que ma femme me le dirait, si elle avait une relation extraconjugale, car elle sait que je l'aime. Je suis sûr qu'elle ne me ferait pas ça », « Je suis une bonne épouse, une partenaire dévouée, compréhensive, je ne l'ai jamais empêché de faire quoi que ce soit, je suis sûre qu'il m'aime et qu'il n'ira jamais avec une autre ! ».

Les joueurs, ceux qu'on pourrait appeler les « accros du jeu », pratiquent beaucoup la pensée magique : « Avec mon dernier billet de 500 francs, je suis sûr que je vais regagner tout ce que j'ai perdu au cours de la soirée » ou encore « Le rouge m'a toujours porté chance, mais ce soir, c'est le noir qui sort sans arrêt, alors je mise tout sur le noir ! ». La pensée magique permet de se sentir invincible, intouchable, inaccessible, car elle dresse en soi une barrière de sécurité : « Tous les soirs, je demandais à la Vierge Marie de me dire ce que je devais faire et ne pas faire pour que mes parents ne meurent pas, c'est comme ça que je les ai maintenus en vie. » Une femme qui connaît beaucoup d'échecs dans ses relations amoureuses dira : « Cette fois, c'est le bon, j'en suis sûre : il ne m'a pas demandé de faire l'amour dès le premier soir, je suis sûre que c'est un homme qui me respectera... »

En accordant ainsi la toute-puissance à certaines croyances, nous retardons la rencontre avec la réalité. En fait, croire ainsi en la toute-puissance de la pensée permet d'affronter les situations les plus périlleuses... avec les risques les plus certains. Les adolescents qui s'amusent à traverser un carrefour en mobylette avec les yeux fermés pratiquent la pensée magique. Certains survivent. Non pas grâce à leur pensée, mais parce que aucun automobiliste ni camion n'est passé à cet instant !

La tentation de l'homme d'aujourd'hui est de vouloir se charger des défaillances de Dieu.

« Je consulte une voyante... »

Beaucoup d'adultes de tous les milieux reconnaissent qu'ils fréquentent, consultent une voyante, voire s'en remettent à elle pour prendre quelques-unes des décisions importantes de leur vie (ou qu'ils croient être importantes), être rassurés ou encore confirmés dans certains choix.

L'un de mes amis, dont je n'aurais jamais imaginé qu'il puisse faire confiance à une boule de cristal, m'a confié : « C'est même ma principale confidente... » Il a pris soin de me préciser que ce n'est pas tant la boule de cristal, le marc de café ou les tarots que la qualité de la relation qui s'est établie avec la voyante qu'il apprécie. « D'abord elle me regarde, je me sens vu, je me sens entendu, elle m'écoute, et puis elle est marrante. Je suis chaque fois estomaqué par les associations qu'elle fait entre des petits riens, qui d'un seul coup prennent de l'importance et donnent un sens nouveau à mes actes. Et surtout, elle me regonfle ! Je sors de chez elle revitalisé, plein d'énergie et avec une confiance nouvelle en moi ! »

De nombreuses personnes aspirent aujourd'hui à être comprises et à mieux se comprendre. Notre vie étant planifiée, programmée, enfermée dans une logique très – trop ? – rationnelle, la tentation de fuir dans l'imaginaire surgit : nous recherchons un soutien dans la pensée magique, ou nous fuyons dans le merveilleux afin de tenter de colorer, de dynamiser, et peut-être de modifier notre quotidien.

Nous avons découvert, tout dernièrement en France, qu'un président de la République non seulement consultait, mais se faisait conseiller par une voyante. Je vois dans cette démarche quelque chose de pathétique et d'émouvant à la fois. Il ne doit pas être le seul, chez les grands et les petits de ce monde, à tenter désespérément de se décharger d'un peu de ses responsabilités, d'invoquer les dieux ou les forces cachées qui s'intéressent peut-être à nous et pourraient, le cas échéant, orienter quelques-uns de nos actes... Qui sait ?

Faire appel à des forces occultes pour être guidés dans nos tâtonnements me semble être la contrepartie de l'immense pouvoir que l'homme exerce sur les choses et les êtres. Nous contrôlons l'atome et prévoyons le temps, nous commençons à influencer le développement de la vie humaine, et pourtant nous restons vulnérables et démunis devant notre propre mystère !

Alors, interroger les cartes, la boule de cristal ou faire confiance à une voyante pour nous rassurer traduit d'une certaine façon notre humanitude ! C'est-à-dire nos doutes, nos peurs, mais aussi les élans grâce auxquels nous tentons de contrôler notre vie présente et notre avenir.

René Char nous rappelle que « l'impossible, nous ne l'atteignons pas, mais il nous sert de lanterne ».

Je ne crois pas en la chance...

Je ne crois pas en ce que l'on appelle la chance. Par contre, je crois en la capacité de chacun de s'ouvrir aux mille signaux invisibles qui traversent l'espace pour venir jusqu'à nous, et en la capacité de certains d'oser les recevoir, les accueillir et en faire quelque chose dans leur existence.

Chez de nombreuses personnes, invoquer ou se référer à la chance, aux dieux, au hasard ou à une bonne étoile afin de justifier le fait qu'elles ont vécu un événement bénéfique revient d'une certaine façon à se déresponsabiliser, à ne pas accepter d'être partie prenante de tout ce qui leur arrive. Autrement dit, elles attribuent à une entité extérieure, au hasard (et parfois à la nécessité du hasard !), la responsabilité de ce qui peut leur arriver de positif ou de négatif...

Il me semble que cette attitude relève d'une dépendance à quelque chose qui serait censé échapper à leurs ressources ou à leur libre arbitre. Un événement qui leur est extérieur, arbitraire ou surgissant de l'inconnu et qui les entretient dans la croyance qu'elles ont été choisies, qu'elles sont susceptibles d'être élues, reconnues et dignes de recevoir tel cadeau, de participer à telle activité, de vivre tel miracle ou d'avoir la malchance de subir telle catastrophe.

Dans un échange avec des amis, j'ai entendu l'un d'eux poser cette double question : « Sommes-nous les invités de la vie ? Ou allons-nous accepter d'inviter la vie en nous ? » Pour ma part je choisis de ne pas obéir à cette alternative. La vie nous invite vraisemblablement tous les jours à participer à sa générosité, à oser profiter de son abondance, mais peut-être attend-elle aussi que nous puissions l'inviter, l'accueillir, la protéger, l'aimer avec le meilleur de nous-même afin de la vivifier et de la prolonger tout au long de notre existence dans l'infinitude de l'univers. Quand une de mes filles me demanda un jour « Comment un miracle peut-il arriver ? », je lui ai répondu « Si nous savons l'accueillir ». Je voulais dire par là que si nous sommes ouverts, réceptifs, sensibles aux millions de signaux qui traversent notre existence, nous pouvons alors percevoir et donner du sens à une infinité de messages que nous pourrons intégrer à notre vie.

L'avenir surgit au fil du quotidien sans effort, il se renouvelle à chaque instant. Notre seule responsabilité est de ne pas l'abîmer.

Il faut de tout pour faire un monde...

« Si la rose savait que sa grâce et sa beauté la conduisent tout droit dans un vase, elle serait la première à se trancher la gorge avec sa propre épine. Mais elle l'ignore et c'est dans cette poche d'ombre qu'elle puise la sève de sa survivance... Mon excuse à moi vient de là aussi. »

Yasmina KHADRA

Les gens pressés

Les gens pressés nous pressent, nous compressent, voire nous bousculent sans vergogne. Tout se passe comme s'ils voulaient nous entraîner dans leur rythme, nous faire entrer dans leur système.

Face à eux nous avons toujours l'impression d'être en retard. Forcément, ils sont partis avant d'être... arrivés. La plupart du temps, ils sont d'ailleurs en avance, et quand vous êtes là, ils sont prêts à vous quitter : « Avec mon mari, c'est insupportable, raconte une femme. Quand nous devons aller au théâtre ou à un spectacle, je me fais belle, j'en suis encore à me maquiller, en sous-vêtements, qu'il est à la porte de la salle de bains, les clefs de la voiture à la main, le manteau ou l'imper sur le bras. Il ne dit rien, mais ses yeux furètent partout, à la recherche de ce qui me manque encore. Il serait prêt à m'habiller pour que nous puissions partir plus vite ! Nous arrivons en général avec une heure d'avance, le théâtre est encore fermé. Et là, piétinant dans le froid, il anticipe ce qu'il fera tout de suite après le théâtre ou demain dès son réveil... ».

Les gens pressés semblent ne pas entrer dans la vie mais se tenir à sa périphérie en tentant de toutes leurs forces d'accélérer le cours des circonstances et des événements.

En général, leur seuil de frustration est très bas, la moindre contrariété les fait exploser ou se fermer, quand ils ne boudent pas avec une ostentation manifeste. Dans un état permanent de reproche implicite, ils donnent un goût d'amertume, d'insuffisance ou d'inachevé aux rencontres et aux relations.

La meilleure des planifications, la plus précise des prévisions s'avérera insuffisante face à leurs attentes ou à leur rythme. En fait, celui qui est pressé est un solitaire... de l'intérieur. Son avance vient souvent de ce qu'il a fait le vide autour de lui et en lui, et son agitation est une tentative pathétique pour remplir ce vide.

Les gens pressés arrivent parfois aux portes de la vieillesse avec plusieurs longueurs d'avance sur leur âge et se désolent alors de ne pouvoir freiner le temps, le ralentir. À ce moment-là c'est le temps qui les bouscule et les presse... de partir.

« Je suis sorti du ventre de ma mère avec quinze jours de retard, alors depuis toujours j'essaie de rattraper ce retard en arrivant en avance », disait un joueur d'échecs dans un square, attendant son partenaire habituel qui semblait, lui, être toujours en retard !

Les personnes qui demandent mais ne donnent jamais rien

Je l'ai souvent rappelé, une relation vivante est une relation dans laquelle la demande et le don, l'acceptation et le refus s'équilibrent, car chacun de ces éléments a la même valeur. Si, dans une relation, l'un de ces termes (demander, donner, recevoir, refuser) domine, est hypertrophié, inexistant, ou hypotrophié, cela signifie que la relation est malade. C'est la situation décrite par un de mes correspondants : « L'un demande sans jamais rien donner. » Dans ce cas, celui qui reçoit la demande se trouve confronté à une personne qui le sollicite beaucoup si bien qu'il se sent obligé de répondre soit en donnant, soit en refusant, mais ce faisant, il oblitère ses propres demandes et son besoin de recevoir. De plus, qu'il donne ou qu'il refuse, il peut avoir le sentiment que de toute façon il n'arrivera jamais à satisfaire le puits sans fond que creusent les attentes de l'autre. En ce sens, donner et refuser provoquent autant d'insatisfaction chez celui qui se trouve confronté à une demande démultipliée dans toutes les directions que chez celui qui la fait !

Il existe ainsi des personnes toujours en quête d'attention, en demande de satisfaction, en attente de réponses – au fond, prêtes à capter tout ce que l'autre peut leur offrir ! Comme ceux qui demandent le plus sont souvent ceux qui donnent le moins, l'insatisfaction culmine rapidement !

Paradoxalement, ce type de relation est frustrante pour les deux protagonistes. Celui à qui la demande s'adresse découvre rapidement que ce qu'il donne n'est jamais suffisant ; et quand il est en position de refus, cela le met mal à l'aise. Celui qui demande n'est guère plus heureux car il ne trouve jamais son compte dans les réponses de l'autre, si généreuses soient-elles. Aussi exprime-t-il de nouvelles demandes, qui réclameront de nouveaux soins...

Rééquilibrer ce type de relation à sens unique suppose un important travail sur soi, voire une psychothérapie, car les sources, les origines d'un tel système relationnel, s'il est répétitif, remontent vraisemblablement aux premiers échanges significatifs de la petite enfance avec les parents ou ceux qui les ont remplacés. La personne devra retourner à l'époque du sevrage relationnel, quand le bébé se rend compte que sa maman, qui le comblait jusque-là en permanence, devient une mère qui refuse et frustre. Cela suppose que les parents aient pu remplir de façon dosée, adaptée aux différentes phases du développement de l'enfant, leurs fonctions de maman (plus comblante) et de mère (plus frustrante) et celles de papa (plus proche, rassurant) et de père (plus interdictif) pour lui apprendre à gérer les inévitables frustrations et contraintes de la vie.

Une relation équilibrée, une relation « en santé » est une relation dans laquelle circulent librement et harmonieusement la demande, le don, l'acceptation et le refus, en parts sinon égales du moins sensiblement équivalentes.

Aimer est une épreuve redoutable,
car elle me renvoie à la capacité d'offrir
et de recevoir, de demander et de refuser, mais
aussi et surtout elle me confronte à la possibilité
de l'autre de demander, de donner,
de recevoir ou de refuser.

Les volubiles

S'il existe des personnes silencieuses, qu'il faut solliciter à tout propos, à qui il faut presque arracher chaque mot, il en est d'autres qui n'arrêtent pas de parler, qui nous submergent, nous épuisent. Ces personnes sont affligées d'une sorte de diarrhée verbale couramment appelée logorrhée. Certaines d'entre elles nous interpellent sous n'importe quel prétexte, s'approprient la moindre de nos idées pour nous mouliner un discours, nous servir leurs commentaires et nous donner leur avis sans chercher à les partager avec nous, en nous les imposant. D'autres s'épanchent à partir d'un vécu personnel pénible qu'elles tentent de noyer dans leur excès de paroles.

Toutes déroulent ainsi un discours sans fin, avec plus ou moins de cohérence et de logique, auquel elles donnent les prolongements les plus inattendus et les rebondissements les plus pénibles : « Vous allez me dire que j'ai eu tort d'insister, mais quand même je ne pouvais pas laisser passer cela ! Vous savez, je ne veux pas me laisser avoir ! Heureusement que je sais me défendre, sinon combien de fois j'aurais été trompée et d'ailleurs, la fois où je n'ai pas été vigilante, eh bien ! vous ne savez pas ce qui m'est arrivé ? », etc.

Ces personnes qui nous inondent et nous saturent de leurs réflexions n'ont à aucun moment conscience d'un excès, d'un abus de pouvoir, voire une sensibilité minimale qui ressemblerait à de la politesse, à du savoir-vivre... à du respect envers la disponibilité de l'autre. Quant à nous, pris sous les feux de leur abondance, nous sommes écrasé, impuissant et irrité (le plus souvent... contre nous-même) de ne pas oser nous rebeller avec plus de force, de ne pas trouver le moyen de limiter sinon d'arrêter l'avalanche qui nous tombe dessus !

C'est qu'à la moindre tentative de notre part – une remarque ou une excuse pour nous libérer de l'échange à sens unique qui nous est imposé –, elles redoublent de vivacité, renforcent leurs arguments et reviennent à des points de vue énoncés à maintes reprises ! C'est pour l'essentiel une partie de leur angoisse, de leur solitude intérieure ou de leur désarroi devant la vie qu'elles déversent ainsi sur nous. Remplir de mots et de paroles cette béance existentielle semble vital pour elles. Le pathétique de cette situation est qu'elle est sans issue. Elle se répétera, se renouvellera, se multipliera des centaines de fois...

Nous inventerons, bien sûr, de multiples stratégies pour échapper à l'une ou l'autre de ces personnes qui cherchent désespérément non pas une écoute, mais le reflet, l'écho de leur propre parole afin de meubler un immense vide intérieur... avant de trouver la bonne distance salvatrice ! Ou, plus simplement, nous fuirons dès que nous apercevrons leur ombre pointer vers nous...

« Quand je suis avec lui, nous ne sommes jamais ensemble... même présent il est toujours ailleurs ! » disait une femme parlant de son compagnon de vie.

Ces gens qui vous culpabilisent

Les *culpabilisateurs* sont redoutables car ils cherchent avant tout à vous donner mauvaise conscience. Ils ont quatre thèmes préférés, inépuisables sur lesquels ils improvisent avec beaucoup de créativité :

- ce que vous avez dit et que vous n'auriez pas dû dire,
- ce que vous n'avez pas dit et auriez dû dire,
- ce que vous avez fait et n'auriez pas dû faire,
- ce que vous n'avez pas fait et auriez dû faire !

À partir de là, tout leur est bon pour tenter de vous mettre mal à l'aise, vous inférioriser, vous pousser dans vos derniers retranchements puisqu'ils savent évidemment mieux que vous ce que vous auriez dû dire, ou ne pas dire, faire ou ne pas faire !

Les culpabilisateurs sont, en quelque sorte, de *petits pervers* au quotidien. Ils estiment que vous n'avez aucune raison d'être satisfait de vous-même ! Que vous n'avez pas le droit d'être à l'aise, détendu, voire heureux : « Vous êtes heureux, quel comble ! Alors qu'il y a tant de gens malheureux, tant d'injustices et d'atrocités de par le monde ! » Ils ont une grande habileté à percevoir vos points sensibles qu'ils vont toucher afin de vous déstabiliser, voire de vous meurtrir !

Si vous tentez de les interpeller à propos de leur comportement, ils prendront un air fort étonné et se diront scandalisés. Car évidemment, c'est pour votre bien, votre seul intérêt, qu'ils s'autorisent ces remarques. « D'ailleurs si vous le prenez comme ça, c'est que vous êtes encore plus égoïste et plus intolérant que je ne le croyais ! » vous lancent-ils. Ainsi la boucle se referme-t-elle sur vous – une fois de plus ! Votre propre tentative d'affirmation a été récupérée à leur profit.

Certains culpabilisateurs qui sont de vos parents ou de vos proches sont encore plus redoutables. Ils vous enferment dans une image négative de vous-même, au point que vous allez vous mettre à douter de tout, puisque quoi que vous fassiez, ce n'est pas bien ! Et vous voilà en train de prendre le relais, de poursuivre la disqualification jusqu'à vous rendre la vie invivable… à l'égard de vous-même.

La seule issue : vous tenir à la bonne distance, ne pas entretenir de relations trop étroites avec eux afin de vous en protéger, ou leur remettre la responsabilité du point de vue qu'ils ont sur vous et qui, de fait… leur appartient.

« S'il y a seulement de la malchance à n'être pas aimé, il y a du malheur à ne point aimer. »

Albert Camus

Les bourreaux de travail

S'il est une drogue que notre culture accepte avec la plus grande des tolérances, c'est bien celle que les Américains qualifient de *work alcoholism*. Il est ainsi possible de parler d'*alcooliques du travail* ou de *bourreaux de travail*.

Si vous êtes un BDT (un bourreau de travail), vous ramenez inévitablement *des choses urgentes à faire* à la maison, vous envahissez l'espace conjugal ou familial avec vos dossiers, et installez un second bureau dans la chambre à coucher ou la salle de bains ! Pour certains, en effet, travailler, s'occuper continuellement à quelque chose est aussi impératif que respirer ou manger. Incapables de rester sans rien faire, de se laisser aller au farniente, voire au simple repos, ils occupent en tout temps leurs mains, leurs pensées, voire leurs rêves et sont toujours en avance d'un ou deux projets par rapport à ce qu'ils font, ne sachant faire autre chose qu'agir... agir encore. Il y a comme une obligation qui pèse sur eux (et dont ils auront à rechercher l'origine) sous forme d'injonctions, de missions à accomplir, s'ils veulent s'en libérer.

Les partenaires conjugaux, hommes ou femmes, font la plupart du temps contre mauvaise fortune bon cœur : « Oh ! elle ne sait pas s'arrêter, le jour où cela arrivera, c'est qu'elle sera morte ! » ou « Que voulez-vous, il a besoin de ça, travailler est son seul plaisir ! ». Mais attention, pour les bourreaux de travail, une telle activité n'est pas forcément synonyme de plaisir. Une pression, une angoisse semble peser sur eux, qui ne laisse pas d'espace au *ne rien faire*.

Les enjeux sous-jacents à un tel acharnement à s'occuper sont multiples. L'arrière-plan psychologique des bourreaux de travail semble pourtant trahir une angoisse précise : la peur de se faire face à soi-même, de s'écouter et, ce faisant, de devoir se remettre en question ou de se découvrir vulnérable, fragile, mortel... Pour éviter cela, les bourreaux de travail mènent une lutte sans fin.

Cette dépendance au travail, car c'est une réelle dépendance qui ne s'apaise pratiquement jamais, maintient la personne dans un état de fébrilité, d'excitation et de tension qui retentit souvent sur l'entourage. Ce dernier s'en accommode parfois, d'autres fois, il fuit, ou tente de résister... le plus souvent en vain, car les bourreaux de travail font passer leur activité professionnelle ou passionnelle (telle que le bricolage, le potager) avant tout ; ils lui accordent la priorité absolue sur toutes les autres. Aussi est-il non seulement difficile de distraire ces bourreaux de travail, mais aussi et surtout d'établir une relation fiable avec eux.

On gagne à exprimer le besoin plutôt que le manque, car mettre des mots sur un besoin, dire « J'ai soif », invite à y répondre, alors qu'exprimer un manque conduit souvent à s'enfermer dans une plainte : « Il n'y a pas d'eau... »

Les transgresseurs

Il existe au moins deux sortes de transgresseurs : ceux qui transgressent ouvertement et ceux qui agissent de façon masquée ou cachée. Les premiers le font soit pour s'affirmer face à un règlement ou une règle qui leur paraît inutile, ou pour dénoncer un abus, soit par refus d'une contrainte. Certains tentent de justifier leur acte en s'abritant derrière une phrase passe-partout : « J'ai le droit de fumer, j'ai payé ma place », ou « J'ai le droit de laisser jouer mes enfants dans l'escalier, de faire du bruit, je paye mes charges comme tout le monde... ». Les seconds le font pour tirer un bénéfice secondaire, un plaisir immédiat, et surtout une satisfaction importante, celle de ne pas se sentir frustré face à une contrainte, un règlement.

La caractéristique du transgresseur est qu'il ne supporte pas la contrainte. Aussi bataille-t-il sans cesse avec la loi et ferraille-t-il avec l'autorité. Il a le sentiment de ne pas se respecter s'il obéit à une règle. Quel que soit le prix qu'il aura à payer, il cherchera à franchir la limite. Comme son comportement est souvent compulsif, il devra faire face à la réalité qui, à l'occasion, le sanctionnera. La transgression lui sert peut-être à cela : à rechercher la rencontre avec la réalité et ses conséquences, en prenant soin de reculer l'échéance.

Le transgresseur n'est pas au-dessus des lois et des règles comme on pourrait le penser, il est au contraire dépendant d'elles. Pour ma part, je connais quelqu'un qui, au feu rouge, s'avance au maximum, empiétant sur le passage clouté, guignant de l'œil le passage au feu orange dans la rue perpendiculaire à la sienne, pour gagner quelques secondes et démarrer en premier…

Certaines transgressions sont beaucoup plus graves. En particulier les abus sexuels d'enfants commis par un proche, un enseignant ou un prêtre utilisant sa fonction comme un alibi pour imposer ses désirs.

L'inceste avec un père, un frère, un grand-père ou un oncle est aussi une transgression gravissime à plusieurs titres. Outre la violence sexuelle directe que la relation incestueuse impose, celle-ci détruit le lien parental car elle introduit une confusion des rôles sur le long terme. Il en est de même des diverses formes d'inceste, notamment de l'inceste mère-fils, et des incestes homosexuels. L'enfant ne sait plus où se trouve la référence, les balises qui devraient lui permettre de trouver sa position d'être sexué et au sein des générations dans sa propre famille, de même que dans des situations plus imprévisibles.

Quand celui qui transgresse est un pervers, qui prend plaisir au malaise, à la confusion, au désarroi dans lequel il place ceux qui subissent les conséquences de son acte, le confronter à la réalité s'avère très difficile.

Cela dit, les transgresseurs ne sont pas tous des asociaux. Certains considèrent même que l'analyse qu'ils font de certaines situations et leur prise de position peuvent servir de révélateurs en vue d'une modification ou tout au moins d'une évolution de la situation. Ce fut le rôle de révolutionnaires de remettre en cause l'ordre établi au profit de ceux qui détenaient le pouvoir, pour donner ce pouvoir au plus grand nombre. C'était leur intention de départ. Malheureusement, les révolutionnaires d'hier ont souvent du mal à supporter le nouvel ordre d'aujourd'hui si bien que de nouvelles transgressions ne tardent pas à apparaître !

« La révolte, c'est le moment où l'on ressent la honte d'être un homme. »

Gilles Deleuze

Alcoolique à la relation d'aide…

Peut-on amener une personne qui boit à prendre conscience de son alcoolisme ? La personne qui écrit cela m'adresse dans sa lettre une question centrale à laquelle je n'ai pas de réponse. Je ne peux lui offrir qu'une prise de position personnelle, fondée sur le respect de soi et de l'autre, et qui risque de la décevoir : je crois que ce genre de tentative est voué à l'échec. Ceux qui vivent avec une personne dépendante de l'alcool en sont la preuve flagrante. La question posée laisse croire que l'autre est trop infantile pour ne pas savoir qu'il boit (même quand il le nie !), et qu'il a donc besoin de l'autre pour en prendre conscience. Disant cela, je me garde de confondre le désir d'aider (qui porte sur des moyens) avec le besoin de faire prendre conscience (qui concerne une intention vis-à-vis de l'autre !)…

Je sais que le besoin de faire prendre conscience part toujours d'une bonne intention, surtout si c'est à l'égard de quelqu'un que nous aimons ou qui nous est proche. Bonne intention apparente, mais qui cache souvent un reste d'ITPI (Illusion de Toute-Puissance Infantile). Celle-ci nous laisse en effet croire que nous avons ce pouvoir sur l'autre de lui faire prendre conscience de son problème et donc de faire en sorte qu'il décide d'arrêter de boire !

Je suppose que si vous êtes cette personne, Madame, vous avez dans un premier temps voulu aider et vous avez échoué. Vous avez tout fait, tout essayé, vous avez soutenu, conseillé, reproché, hurlé, accusé de ne pas tenir parole, de cacher, de nier, de recommencer, de mentir, de minimiser… Vous avez certainement proposé une foultitude de solutions, de démarches. Vous vous êtes sans doute découragée, puis vous vous êtes mobilisée et motivée à nouveau. Vous vous êtes certainement promis de renoncer et puis vous avez continué à vouloir. À vouloir pour l'autre qu'il se décide à faire quelque chose pour lui, qu'il change, qu'il réalise... cette prise de conscience tant souhaitée... pour vous !

En fait, si curieux que cela puisse paraître, le problème ne se situe pas seulement chez l'autre... il est aussi chez celui ou celle qui vit et reste (contre vents de fausses promesses et de marées alcoolisées) avec un alcoolique, et qui accepte donc, durant des années, d'être mis d'une certaine façon *en dépendance* par la dépendance de celui qui boit, et ainsi, de ne pas se respecter. En fait, le couple d'un alcoolique comprend toujours deux alcooliques. L'un, dont l'alcoolisme est visible (vin, alcool, etc.) et l'autre, dont l'alcoolisme est plus caché, plus voilé, masqué par le « vouloir aider » ! Celui-ci connaît un *alcoolisme de dépendance* à la dépendance de l'autre. Un alcoolisme qui tourne la tête, envahit tous les sens, monopolise toutes les ressources – qui s'appelle le besoin d'aider à tout prix.

Car celui qui boit est seul pour affronter ce qu'il croit être un soutien (l'alcool, l'euphorie, l'oubli), mais qui est aussi un piège terrible qui le replonge dans l'incohérence, dans la passivité, dans une impuissance querelleuse ou dans une tristesse infinie. Il revient alors aux proches de se respecter en énonçant leur seuil de tolérance : « Je n'ai pas décidé de vivre à trois, toi, ton alcoolisme et moi ! » En refusant de *s'alcooliser à la relation d'aide*. Je sais que je risque de choquer en disant cela de façon aussi brutale. Mais nous n'épousons pas par hasard un alcoolique... Il appartient au partenaire d'un alcoolique de trouver la bonne distance pour maintenir la relation sans la laisser être pervertie par la présence de l'alcool ni collaborer lui-même à la dépendance de l'autre par sa propre dépendance au besoin d'aider.

La lucidité n'a jamais été un garde-fou contre nos fantasmes... les plus fous !

« Mais non, ce n'est rien ! »

Quand, dans une relation proche, l'un exprime ce qu'il ressent, il peut arriver que l'autre tente de le nier ou de le minimiser : « Mais non, arrête de te plaindre pour si peu, tu verras, ça va passer ! »

Je vois un enfant courir, il va déjà à la conquête du monde, trébuche, tombe et revient en pleurant vers ses parents : « Maman, papa, j'ai mal », et l'un des deux répond : « Mais non, ce n'est rien, mon chéri ! » Dans un couple, si l'un dit à l'autre : « Ton copain, je ne le supporte pas, il m'irrite avec ses plaisanteries toujours à double sens », et que l'autre répond : « Mais non, qu'est-ce que tu vas chercher là ? Tu as l'esprit mal tourné. Il fait ça avec tout le monde, tu es vraiment très compliquée... », celui qui parle ne se sent pas entendu, reçu ou compris.

Tout se passe comme si notre perception intérieure, ce que nous ressentons profondément, ne pouvait être entendu par ceux qui nous sont les plus proches ! Or, s'il existe une règle d'hygiène relationnelle qui devrait être respectée, c'est bien celle-ci : *le ressenti,* les sentiments appartiennent à ceux qui les éprouvent, même quand ils apparaissent déplacés, excessifs ou déformés à celui qui les entend. Voilà un des paradoxes le plus douloureux dans les relations intimes : c'est souvent un proche, un parent, un conjoint, un enfant, un ami qui nie ou minimise ce qui nous habite au plus profond. Ainsi, pour celui qui dit : « Oh là, là, je n'ai pas chaud, j'ai un peu froid dans le dos », et qui s'entend répondre « Mais ce n'est pas possible, le thermomètre est à

24° ! », le désespoir n'est pas loin ! J'en suis arrivé à penser que la qualité la plus vitale d'un amour réside dans la capacité à accueillir, sans vouloir la modifier ou la changer, l'expression de ce que ressent celui ou celle que l'on aime. Si ma compagne me dit qu'elle n'aime pas quand je rentre tard à la maison ou quand j'invite un ami à rester pour dîner sans l'avoir prévenue, je dois entendre ce qu'elle éprouve, son irritation ou sa gêne, sans chercher à me justifier ou à penser tout de suite que décidément tout est compliqué avec elle ! Car opposer son propre ressenti à celui de l'autre, quand il est différent, revient à vouloir faire la preuve que ce que nous ressentons, nous, est plus juste, plus pertinent que ce que l'autre ressent.

Accepter la différence, la multiplicité et la diversité des perceptions, des émotions, des sentiments permet de moins maltraiter les relations intimes, et même celles qui le sont moins !

Dire ce que l'on ressent sans en rendre l'autre responsable, car le propre d'un ressenti est qu'il appartient à celui qui le vit.

Les donneurs de leçons

Il vous est certainement arrivé, roulant sur une route départementale, sur une route nationale ou sur une autoroute, d'avoir dans un moment d'inattention roulé trop à gauche ou, par inadvertance, introduit quelques zigzags dans votre conduite, ou freiné intempestivement, faisant ce que l'on appelle une fausse manœuvre, provoquant ainsi, chez le conducteur qui vous suit, différentes manifestations d'irritation. Celles-ci vont en général du coup de klaxon impatient, irrité, à des comportements plus agressifs. Si cela se produit la nuit, le furieux allume ses phares pour vous aveugler, il vous talonne pour vous faire comprendre qu'« il sait conduire, lui ! ».

Vous avez peut-être aussi eu droit aux mimiques colériques de celui qui vous double rageusement avec des gestes et des paroles signifiant que « Vous êtes un débile profond » ou que « Vous feriez mieux de vous faire sodomiser chez les Papous, plutôt que gêner ceux qui savent se comporter comme il faut sur la route ! ».

Souvent, votre inattention ou distraction passagère est perçue par les conducteurs les plus proches comme une manifestation intentionnelle, visant à les gêner ou à les empêcher d'arriver plus vite...

Les plus aimables tentent, pédagogiquement, de vous informer sur la valeur de vos capacités, hurlant tout en roulant à votre hauteur que « Vous avez dû gagner votre permis dans un paquet de lessive ! » ou, si vous êtes une femme que « Vous avez obtenu votre permis avec votre derrière ! ».

Les plus pervers, et par là même les plus dangereux, seront tentés de vous donner une leçon, de vous punir, de vous apprendre à conduire en tentant de vous déstabiliser. Pour ce faire, ils vont se rabattre brusquement, freiner, accélérer, zigzaguer devant vous... Tenter même de vous faire basculer dans le fossé, pour vous convaincre, quand même, à l'avenir, de rester chez vous !

Les donneurs de leçons sont quelquefois des tueurs en puissance, qui vous laissent le cœur battant chevauchant un remblai ou en travers d'un tournant, après la manœuvre salvatrice que vous avez été forcé de faire pour échapper à leur entreprise vertueuse ! La courtoisie, l'affabilité naturelle, la tendresse, l'humour sont des vertus qui disparaissent quasi automatiquement quand on est en voiture. Pour me le rappeler, j'ai longtemps laissé accroché un petit rond en carton au rétroviseur de la mienne, sur lequel sont justement inscrits ces quatre mots : Courtoisie – Sourire – Tendresse – Humour juste pour me les rappeler quand moi aussi j'ai tendance à me transformer en donneur de leçons !

Il y a tant de possibles auxquels il suffit d'ajouter un peu de foi, un peu de soleil et d'étoiles pour les voir fleurir.

Alerte !

Attention, au-delà d'une mise en garde, ce texte est surtout une invitation à être, dans l'avenir, extrêmement prudent dans vos contacts avec autrui et surtout dans vos relations les plus significatives ou essentielles de votre vie. En effet je crois savoir qu'une épidémie à l'échelle de la planète tente de se propager à partir du syndrome connu sous le nom d'OME (Ouverture au Mieux-Être) : elle se répand dans tous les milieux et atteint plus particulièrement les hommes et les femmes de quarante ans, même si l'on observe une tendance de plus en plus marquée chez des sujets plus jeunes à se laisser facilement contaminer. Pour cette raison, les experts en pessimisme pensent que des milliards de personnes seront gravement atteintes et contaminées dans les années à venir.

Voici quels sont, succinctement présentés, les symptômes récurrents de cette maladie :

• Une tendance irrépressible à se laisser guider par son intuition personnelle, plutôt qu'à agir sous la pression des peurs, des idées reçues, des injonctions de l'entourage ou des conditionnements hérités du passé.

• Un manque total d'intérêt à parler des autres pour les juger ou les disqualifier, s'accompagnant d'une complication qui étonne souvent ceux qui en sont porteurs : une absence complète de dévalorisation de soi-même...

• Le développement subtil d'un amour appelé de bienveillance, de respect et de confiance envers soi-même, qui contamine toutes les parties de l'être et a tendance à s'étendre aux proches.

• Le refus de se laisser entraîner dans l'affrontement ou le conflit à propos de ce qui dérange l'entourage, la perte du désir de vouloir convaincre ou gagner à tout prix et l'apparition simultanée d'un goût immodéré pour la confrontation et le partage.

• Une perte complète de la capacité à se faire du souci, à anticiper le futur comme étant désagréable ou plein de risques (ce symptôme est certainement l'un des plus graves).

• Un plaisir constant et inépuisable à apprécier les choses et les autres tels qu'ils sont ainsi qu'à trouver la bonne distance par rapport à eux afin de ne pas se laisser envahir par leurs préoccupations ou polluer par leur négativisme, ce qui a pour effet de voir disparaître le désir de les changer.

• Un désir intense d'accéder à une meilleure connaissance de soi et donc de se transformer pour développer ses potentiels de santé, de créativité, d'amour et de compassion.

• Une ouverture au sourire, une sensibilité plus aiguë à la bienveillance, à un regard positif, qui procurent un sentiment d'unité et d'harmonie.

• Un besoin quasi compulsif de se relier à la nature, d'établir chaque jour un contact avec un arbre, une plante, une source naturelle d'eau ou un minéral.

• Une ouverture croissante et stimulante permettant de se relier à son histoire familiale et surtout à son enfance pour se réconcilier avec elle et prendre en charge les besoins maltraités de l'enfant que l'on a été.

• La découverte étonnante que derrière toute peur existe un désir et que ce désir nous appartient, même s'il ne se réalise pas toujours.

Une vérité nouvelle est toujours chétive et fragile quand elle doit s'affronter aux dogmes et aux habitudes séculaires.

Conclusion provisoire

Si vous souhaitez ne rien changer à votre existence, continuer de vivre dans la pratique de l'injonction, la dévalorisation, la menace, le chantage, la culpabilisation ou le maintien des rapports dominant-dominé, je vous invite sérieusement à éviter tout contact avec des personnes présentant les symptômes du syndrome OME (Ouverture au Mieux-Être).

Comme cette maladie est très contagieuse, si vous constatez chez vous ou dans votre entourage quelques-uns des signes cliniques décrits aux pages précédentes, sachez que cet état est probablement irréversible. Une de vos difficultés immédiates sera d'apprendre à ne pas vous laisser entraîner par les réactions défensives de votre entourage proche, parfois si déséquilibré et si inquiet devant vos comportements qu'il peut s'y opposer par des pressions affectives, morales ou matérielles, voire vous proposer de faire appel à quelques traitements médicaux classiques visant à faire provisoirement disparaître les symptômes. Mais ces traitements resteront sans effet sur la progression du mal qui apparaît inéluctable.

À notre connaissance aucun vaccin *anti-bien-être* n'existe à ce jour, même si des moyens considérables sont utilisés quotidiennement pour semer le doute, entretenir la violence contre soi-même et envers les autres ainsi que la souffrance et la détresse suscitées par des événements touchant à l'injustice, à la torture, à la guerre, à l'exploitation du plus grand nombre par une minorité – tout cela par le biais du conditionnement télévisuel quasi universel qui constitue lui-même une violence parmi bien d'autres...

Comme la *maladie du bien-être* provoque une disparition quasi totale des trois peurs fondamentales (peur de mourir, peur de manquer, peur de ne pas être aimé) qui semblent être au cœur des croyances de la plupart d'entre nous, vivant dans la société matérialiste moderne qui nous entoure, il est possible que de nouveaux comportements sociaux soient susceptibles d'apparaître. Des troubles graves risquent ainsi de se produire : grèves de l'esprit belliqueux, rassemblements spontanés de gens heureux à seule fin de chanter, de danser, de célébrer les cadeaux de la vie, naissance de groupes de parole, de partage et de guérison, apparition de crises collectives de fou rire, de joyeuseté spontanée et de rencontres-tendresse...

Nous ne pouvons en dire plus pour l'instant, mais si certains se sentent contaminés, nous souhaitons qu'ils acceptent de témoigner autour d'eux de leurs découvertes, de leurs expériences, de façon que tout un chacun puisse l'amplifier et en faire profiter au mieux tous ceux avec qui il est en relation et qui lui font confiance.

Table des matières

Bienêtre

8851

Composition : Nord Compo
Achevé d'imprimer en France (Malesherbes)
par Maury-Imprimeur
le 25 janvier 2009.
Dépôt légal janvier 2009. EAN 9782290010426

Éditions J'ai lu
87, quai Panhard-et-Levassor, 75013 Paris
Diffusion France et étranger : Flammarion